大是文化

最小但最強
荷比盧的細節

這裡的人哪裡不一樣？
讓歐盟、北約、國際法庭必須在這；
鑽石、鋼鐵、瓷器和巧克力……
最美最精的也得在這。

人文社科類暢銷冠軍《德國製造的細節》作者、
歐洲深度研究者
葉克飛——著

CONTENTS

PART 3

stoeprand... stop!
nijntje op de fiets
dick bruna

PART 5

推薦序

深入觀察歐洲文化的第一本書

創新管理實戰研究中心執行長／劉恭甫

很開心在我為《德國製造的細節》撰文推薦之後，出版社再次邀請我分享《最小但最強，荷比盧的細節》閱讀後的觸動。

我在大學主修工業設計，之後開啟起了我對設計的熱愛，尤其是我曾被公司多次外派到許多歐洲國家累積好幾年的時間，更是沉浸在歐洲文化與建築設計美感之中。我認為在歐洲城市中，最充滿設計感，也是我最喜歡的歐洲國家與城市群，就是此書的主角：荷蘭、比利時和盧森堡。

有次我帶家人到荷蘭，兒子跟女兒駐足望著風車許久，之後便開始收集與深入討論風車的設計，我想這就是設計與文化的力量，也是我希望讀者在這本書找到的原力。讓我們對於荷比盧的文化與設計有非常深刻的認識，進而理解為何荷比盧最小但最強。

第二次世界大戰摧毀了很多歐洲城市，但是二戰後，由於歐洲人的集體努力，採取原樣重建的方式，原封不動的呈現古城容貌，如今我們才得以看見傳統與現代融合的歐洲文化。同樣的，從本書的字裡行間，也能見證這段文化變遷的痕跡，並從荷比盧看見歐洲的縮影。

閱讀完此書後，結合我之前在歐洲長期出差遊走各城市的經驗，我覺得此書對讀者最大的價值，就是能夠感受到每一座歐洲城市所帶來的「建築與文化經濟學」，尤其是以下九個文化經濟學背後的故事，令我沉浸其中，內心激動：

- 荷蘭首都阿姆斯特丹，風景如畫的風車文化，原來是這樣形成的。
- 原來荷蘭人賺錢做生意的頭腦，商業利益高於一切，最關鍵的地方，是在於其商業意識和自由意識。
- 荷蘭的鹿特丹，對我而言，沒有傳統的歐洲城市童話感，而是年輕的建築設計代表，原來，這是一場現代風格的城市實驗。
- 在荷蘭處處可見的運河，其實隱藏著荷蘭崛起的真正原因。
- 比利時有很多鐘樓，但如果只能擇一到訪的話，來蒙斯老城準沒錯。因為這裡的鐘樓是獨立與自由的象徵。
- 比利時的布魯日，對我而言就是非常樸實的老城市，但原來這都是經過政府的保護與恢復，才得以這樣。
- 比利時布魯塞爾為何成為歐洲首都？因為其柔軟的獨立性，習慣於在各方勢力間尋找平衡。

- 盧森堡如何突破體制的束縛，成為世上第一個完成地面數位電視轉換的國家？
- 盧森堡為何全球人均ＧＤＰ最高？不但小而美，還小而強，怎麼做到？

本書中的照片與文字讓我對歐洲文化有更深入的了解，我認為本書是深入觀察歐洲文化的第一本書，非常適合給同樣「小而強」的我們學習。

前言
荷比盧，歐洲崛起的祕密

縱觀世界，很少有像荷蘭[1]、比利時和盧森堡這樣神奇的國家群：它們地處西歐，彼此相連但又各不相同。許多人對它們的認知僅僅是荷蘭的風車與鬱金香、比利時的巧克力，還有盧森堡是個小國。這三個領土總面積加起來不過是三分之二個廣東省[2]的國家，卻有著令世界驚嘆的能量。荷、比、盧三國都是已開發國家之一，也是經濟形態較為健康的國家之一，其中盧森堡的人均ＧＤＰ[3]更是多年排名世界第一[4]。

它們都有著出色的工業和第三產業。其中荷蘭的造船業和冶金業一直處於世界前列，新興的晶片產業也後勁十足。另外，殼牌（Shell）、飛利浦（Philips）和聯合利

1　荷蘭於二〇二〇年一月起正名為「尼蘭德」。
2　廣東省面積約十七・九七萬平方公里、荷蘭面積約四・一五萬平方公里、比利時面積約三・〇六萬平方公里、盧森堡約〇・二五萬平方公里，臺灣面積約三・六二萬平方公里。
3　Gross domestic product，國內生產毛額。
4　臺灣人均ＧＤＰ全球排名二十六。

華（Unilever）等世界五百強企業更是雲集於此。荷蘭不僅是世界第二大農產品出口國，也是世界上畜牧業和花卉業最發達的國家之一。而比利時則是世界上最早進行工業革命的國家之一，人均出口額常年穩居前茅。

盧森堡雖然面積小，卻是鋼鐵大國，境內擁有世界第一大鋼鐵集團——安賽樂米塔爾（ArcelorMittal S.A.）。另外，盧森堡還是世界上第二大投資信託中心，並擁有世界

▲最會做生意的國家——荷、比、盧。

第二大衛星運營商——環球衛星公司（SES S.A.）、歐洲最大貨運航空公司——盧森堡國際貨運航空公司（Cargolux Airlines International）……。

說起來，正是當年的八十年戰爭，最終誕生了荷蘭這個國家。與一般的民族性國家不同，**荷蘭**可算**是世界上第一個「以商立國」的國家。荷蘭人民反抗西班牙的統治，純粹是為獲取更多商業利益以便能更好的做生意**。十七世紀，荷蘭依靠海洋貿易成為世界第一強國。與之前西班牙、葡萄牙的純粹掠奪式擴張不同，荷蘭人以生意為本。因此，即使後來失去海上霸權，荷蘭也未曾真正沒落過。

至於比利時，法蘭德斯（Flanders）四大名城——布魯塞爾（Brussel）、安特衛普（Antwerpen）、布魯日（Brugge）和根特（Gent）一直是歐洲經濟重鎮，無論工業基礎還是商業底蘊，在歐洲都是數一數二的。因此時至今日，荷、比、盧三國仍然被人稱為「最會做生意」的國家。

因為同是彈丸小國，它們更懂得協作與和平的力量。第二次世界大戰後，三國率先結盟，建立起歐洲共同體[5]的前身歐洲經濟共同體（European Economic Community，簡稱ＥＥＣ）。它們不僅是日後歐盟的重要推手，還第一批加入歐元區。令歐洲人乃至

5 歐洲共同體（European Community；單數）是歐洲聯盟官方已不再使用的組織名稱，使用於一九九三至二〇〇九年。一九九三年十一月一日生效的《馬斯垂克條約》（*Maastricht Treaty*），即《歐洲聯盟條約》（*Treaty on European Union*）亦即成立歐盟的條約，將歐洲經濟共同體改名為「歐洲共同體」，並將包含著歐洲共同體的「歐洲各共同體」（European Communities；複數）作為「歐盟三支柱之第一支柱」。

全世界旅行者受益的《申根公約》[6]，它們同樣是創始國。如今，布魯塞爾已是名副其實的歐盟首都，盧森堡則是眾多歐洲機構的所在地。

這三個小國在創造自己文化的同時，也從未忘記創新。如荷蘭有梵谷（Vincent Van Gogh）、維梅爾（Johannes Vermeer），比利時是漫畫王國，是《丁丁歷險記》（*Les Aventures de Tintin et Milou*）和《藍色小精靈》（*The Smurfs*）的故鄉，也誕生了超現實主義大師馬格利特（René Magritte）。

即使早早步入現代工業時代，這三個國家同樣也與「汙染」兩字無緣。運河眾多的荷蘭宛若世外桃源，多種地貌並存的比利時景色如畫，盧森堡則是著名的童話王國。時至今日，走進這三個國家，滿目仍是精美的古建築，彷彿時光從未流逝一般。布魯日、根特、安特衛普等都是世界上古建築保留最好的中世紀古城之一。

在這三個國家，你可以同時見到古典與前衛、繁榮與野趣、都市與自然，既可以見到歷史悠久的商業體系，也可以見到不為商業所汙染的藝術。

讀懂這三個國家，也許就讀懂了幾百年來的歐洲崛起之祕密，讀懂了這三國從海洋帝國時代到歐洲聯盟一直獨領風騷的祕密。

快速認識荷比盧

國家	人口	面積	特色
荷蘭	約 1,744 萬人	約 4.15 萬平方公里	1. 近四分之一的國土低於海平面，還有三分之一的面積僅高於海平面一公尺左右。 2. 以風車、鬱金香、起司、木鞋、尿尿小童、紅燈區聞名。 3. 第一架以風為動力的風車誕生於此。 4. 荷蘭共和國是世界上第一個賦予商人階層充分政治權利的國家。 5. 歐盟創始會員國之一。 6. 世界第二大農產品出口國。 7. 荷蘭東印度公司是全世界第一家跨國公司，也是第一家發行股票的公司。 8. 世界第一大花卉出口國。 9. 史上最早的泡沫經濟事件發生在此。 10. 首先將茶葉輸入歐洲的國家。 11. 創立世界第一個中央銀行。 12. 發明人壽保險。 13. 起司每年出口量世界第一。 14. 第一個允許合法吸食大麻、同性婚姻、安樂死合法化的國家。 15. 藝術大師維梅爾、林布蘭、梵谷、哈爾斯、安特衛普六君子的故鄉，也是米飛兔的誕生地。

6 *Schengen Agreement*，為一項歐洲國家間的協定。目的為：一、取消申根國間的邊境檢查點及邊境管制。二、協調對申根區之外的邊境控制。三、持有任一成員國有效身分證、申根簽證或旅遊簽證，即可在所有成員國境內自由流動。

國家	人口	面積	特色
比利時	約 1,156 萬人	約 3.06 萬平方公里	1. 為巧克力王國，有許多知名巧克力品牌如 Godiva、Neuhaus、Mary。 2. 比利時啤酒舉世皆知。全球啤酒市場龍頭安海斯布希英博集團（Anheuser-Busch InBev SA/NV）的總部在這。 3. 世界上最早進行工業革命的國家之一。 4. 歐盟創始會員國之一。 5. 歐盟總部、歐盟理事會、歐盟委員會和部長理事會、北約總部所在地。 6. 拿破崙最後一戰——滑鐵盧戰役發生在此。 7. 境內的安特衛普為世界鑽石中心。 8. 歐洲漫畫的重鎮，有《丁丁歷險記》、《藍色小精靈》，和超現實主義大師馬格利特。
盧森堡	約 63.23 萬人	約 0.25 萬平方公里	1. 國土面積不大，只有比臺北市和新北市加起來略大一些。 2. 人均 GDP 多年排名世界第一。 3. 全球第二大投資信託中心。 4. 歐元區最大的國際金融中心。 5. 歐盟創始會員國之一。 6. 歐洲法院、歐洲審計院和歐洲投資銀行所在地。 7. 歐盟第三首都所在地。 8. 擁有全球儲量最大的鐵礦，也是全球最大鋼鐵冶煉技術出口國。 9. 第一個完成地面數位電視轉換的國家。 10. 全境散布著一百多處古堡和遺跡，故有千堡之國之稱，是著名的童話王國。

PART 1

從低地小國到歐洲聯盟

荷蘭篇

01 以商立國的風車經濟

兒子仰著頭，在烈日下瞇著眼睛，饒有興致的打量著站在面前的「校長」（De Schoolmeester，見左頁圖）。

此校長可不是人，而是一架名為校長的風車。它是目前世界上僅存的一架造紙用風車，儘管外觀平淡無奇，卻已有數百年歷史，幾百年來它一直在生產優質紙張。它生產的最著名的產品誕生於一六九二年，據說就是那年製造的紙張後來流入美國，成為一七七六年《美國獨立宣言》（*United States Declaration of Independence*）的用紙。

年幼的兒子當然不懂《美國獨立宣言》的意義何等重大，他一心只對這座風車的樣子感興趣。

這裡是荷蘭贊丹（Zaandam）的桑斯安斯（Zaanse Schans），是荷蘭最負盛名的風車村。校長當然不是這裡唯一的風車，它往往會被大多數遊客錯過，因為它並未跟遊客必去的風車群在一起，而是遠遠矗立在田野邊。

在這個距離荷蘭首都阿姆斯特丹（Amsterdam）不過幾十公里、風景如畫的小村裡，目前仍有數架風車，部分風車現已成為博物館。其中，「加冕的普倫堡」（De

Gekroonde Poelenburg）是荷蘭僅存的五架鋸木風車之一，可惜不對外開放。

「貓」（De Kat）是研磨礦物的磨坊，生產各種染色材料，有開放給遊客參觀。「追尋者」（De Zoeker）和「斑點母雞」（De Bonte Hen）都是榨油磨坊，至今仍在運轉使用。此外，還有風車用於製造起司或鋸木。

▲全世界唯一的造紙風車，據說是美國《獨立宣言》的用紙。

這些各司其職的風車，當年令這座小鎮異常繁榮。甚至因為這些風車的存在，贊丹還被視為世界上第一個真正意義上的工業區。在這一帶，鼎盛時曾有八百多架風車。一架架風車與一個個手作工作坊，完美的與大自然融合在一起，寧靜而美麗，絕無後世工業區的汙染。

也是在這座小鎮中，還有一棟名叫「沙皇彼得小屋」（Czar Peter House）的房屋。它建於一六三二年，曾是俄國沙皇彼得一世（Peter I）居住過的地方。彼得一世在年輕時有感於俄國的守舊落後，化名彼得·米哈伊洛夫下士前往西歐學習造船和航海技術。回國後，他全面推行西化改革，積極興辦工廠、發展貿易和教育，最終奠定了近代俄國的政治、經濟和文化基礎。這座沙皇彼得小屋就是當年彼得一世在桑斯安斯學習造船時的住所，如今已被改造成博物館。

站在小小的博物館裡，我們每個人都難免心潮澎湃。那個統治著龐大卻落後帝國的年輕沙皇，將這座小鎮當成自己的修行之地，只因為那時荷蘭代表著最先進的生產力。或者說，風車代表著當時最先進的生產力。

人們認為荷蘭有三大特色——風車、鬱金香和紅燈區。在我看來，三者其實都是經濟符號。鬱金香曾是世界經濟史上最大的泡沫（見第四十頁），極具代表性。紅燈區則代表著荷蘭對自由的領悟，紅燈區的存在並未導致荷蘭色情行業氾濫和社會風氣淫靡，反而使其成為世界上風氣最健康的國家之一。這兩點我們後面還會提到。這種自由開放的態度也體現在經濟領域，**幾百年來，荷蘭一直是世界上最尊重市場的國家。**

上帝創造人，風車創造荷蘭

風車呢？如今散落在荷蘭各處，變成景點的風車，曾是幾百年前荷蘭經濟中最重要的一環，更是荷蘭精神的見證。或者說，只有弄懂風車經濟學，才能弄懂荷蘭這個國家。荷蘭的風車經濟學，隨時代而變，各具特點。根據其特點，我覺得至少可以劃分為三個時代，即「爭地」時代、「海上馬車夫」時代和現代文明時代。

荷蘭是個低地之國，近四分之一的國土低於海平面，還有三分之一的面積僅僅高於海平面一公尺左右。千百年來，荷蘭人一直築壩圍堤，與海爭地，終於造就出今日的宜居之國。

風車的出現並非偶然，尼德蘭地區[1]位於西風帶，又瀕臨大西洋，別的不說，就是風大。最初，荷蘭人用手工磨製穀物，後來改用馬拉踏車和水車，再之後他們發現並開始利用風力。

一二二九年，世界上第一架以風為動力的風車在這片土地上誕生，因其造價低廉且堅固耐用，很快便得到普及。當時，風車除了碾磨穀物之外，還可以加工大麥、鋸木、榨油……。

不過風車最重要的功能還是抽水。一四一四年，荷蘭人發明了目前已知的，世界上最早用於排水的風車。一四五〇年前後，風車在荷蘭南部已隨處可見。就像那句諺語所說：「上帝創造了人，風車創造了荷蘭。」也正是依靠風車，荷蘭才從海洋中獲取了近四分之一的國土。

為了適應尼德蘭地區溼潤多雨、風向多變的氣候，荷蘭人不僅創造而且改造了風

1　荷蘭、比利時、盧森堡這三個國家，在歐洲地理方位上屬於同一組合，因為它們都是低地國家，也就是所謂尼德蘭地區。而比利時和盧森堡都是從尼德蘭王國脫離出來的。

車。他們給風車配上活動頂篷，進而將頂篷安在滾輪上，使之能夠利用不同風向工作。這就是我們現在能看到的荷蘭式風車。

在弗雷德里克（Frederik Stokhuyzen）的《荷蘭風車》（*The Dutch Windmill*）一書中，特別提及中世紀時期荷蘭對風車的重視。當時，為了不影響風力，風車附近禁止修建房屋和種植樹木。

風車甚至是一種恩賜。《荷蘭風車》還收錄了一封書信：「一二九九年聖尼古拉斯節[2]後的星期四，布拉班特省和林堡省大公（Duke of Brabant and Limburg）約翰一世（John the First）在賜給海默·阿諾德（Heyme Arnoldus）封地外，另賜予他可以在哈默德·馮·羅德鎮（Hamoda van Rode，今聖烏登羅德鎮〔Sint Oedenrode〕）和斯金利鎮（Skinle，今斯海恩德爾鎮〔Schijndel〕）之間，挑選一處最佳地點修建一架

▲風車內部構造。

▲荷蘭風車小鎮導覽。

風車的權利。同時允許其世代免交風車稅。」

在很長一段時間裡，**擁有風車是尼德蘭地區貿易中心及城鎮居民才有的特權**。阿姆斯特丹、海牙（Den Haag）、烏特勒支（Utrecht）和哈倫（Haarlem）等城市莫不如是。那些足有幾層樓高、擁有寬闊翼展的風車，曾是這片土地上最重要的建築。

接著，一五八八年，荷蘭共和國[3]宣告成立。

學過歷史的人都知道，放眼世界文明史，**荷蘭共和國**的成立值得大書特書。按照史學界的說法，**這是世界上第一個「賦予商人階層充分政治權利的國家」**。

尼德蘭地區是歐洲資本主義萌芽最早出現的地方之一，經濟的迅速發展使新興資產階級急需建立新的社會秩序。一五六八年，為了反抗西班牙王國的統治和對新教喀爾文教派的迫害，尼德蘭北方各省開始了反抗西班牙的八十年戰爭。

一五七九年，尼德蘭北方的七個省成立了烏特勒支同盟（Unie van Utrecht），這便是現代荷蘭的雛形。

一五八七年，新生的荷蘭與英國一起擊敗了西班牙的「無敵艦隊」。一五八八年，

---

2 Saint Nicholas' Day，在每年的十二月六日。傳說每年的這一天，尼古拉斯都會給孩子們帶來糖果和小禮物，而他的隨從克拉普斯（Krampus），則會懲罰那些在這一年中做了壞事的孩子。

3 正式名稱為尼德蘭七省聯合共和國（De Republiek der Zeven Verenigde Nederlanden），通稱聯省共和國，史稱荷蘭共和國，是一五八一年至一七九五年期間，在現在的荷蘭及比利時北部地區（佛蘭德地區）所存在的一個國家，這段期間也是著名的「荷蘭黃金時代」。

七省聯合宣布成立荷蘭共和國。

這個共和國是以利益認同為基礎，由資本的占有者建立的。當時，北方七省由一個個的自治市組成，各市主要由商人們管理。商人們構成了市議會，市議會的代表又組成省議會，省議會代表進一步組成國會。最終形成的國會，也以商人作為主體，在他們身後，是龐大的市民階層。也正因此，**荷蘭的擴張以追求利益為目標**，有著濃厚的商業特徵。

一六〇二年，**荷蘭東印度公司**成立。**這是世界上第一家跨國公司，也是世界上第一家發行股票的公司**。

當然，這還只是荷蘭稱霸世界的開始。幾十年後，荷蘭東印度公司擁有一・五萬個分支機搆，貿易額占全世界總貿易額的一半。一萬多艘荷蘭商船游弋在世界四大洋[4]之上，其他歐洲國家商船的總和也沒有這麼多。

荷蘭的壯舉不止於此。一六〇九年，**阿姆斯特丹銀行成立，它不僅發行各種貨幣，還為存款人提供眾多服務，從而使得阿姆斯特丹成為當時歐洲的金融中心。此外，荷蘭人還發明了人壽保險**。

一六四八年，西班牙正式承認荷蘭獨立，那時荷蘭已達到商業繁榮頂點，全球各地都有荷蘭人的商船，因此**荷蘭人也被人們稱作「海上馬車夫」**。

這一切輝煌跟風車有關嗎？是的，有關！

尼德蘭地區的資本主義萌芽，正是以風車為標誌的。到了荷蘭稱雄海上的時代，全世界的各種原料沿著海路源源不斷的送至荷蘭的諸多港口，又經由水道送往荷蘭各地。這些來自北歐和波羅的海（Baltic Sea）沿岸各國的木材、來自德國的亞麻籽和油菜籽、來自印度和東南亞的肉桂和胡椒，就這樣在鹿特丹（Rotterdam）和阿姆斯特丹近郊的城鎮開始進行加工。

4 指太平洋、大西洋、印度洋、北冰洋。

5 比利時雄獅（拉丁原文「Belgic Lion」）是在歐洲紋章和地圖系統中常見的雄獅形狀，一般用來標誌西歐的低地國家，也就是今天的荷蘭、盧森堡以及比利時。

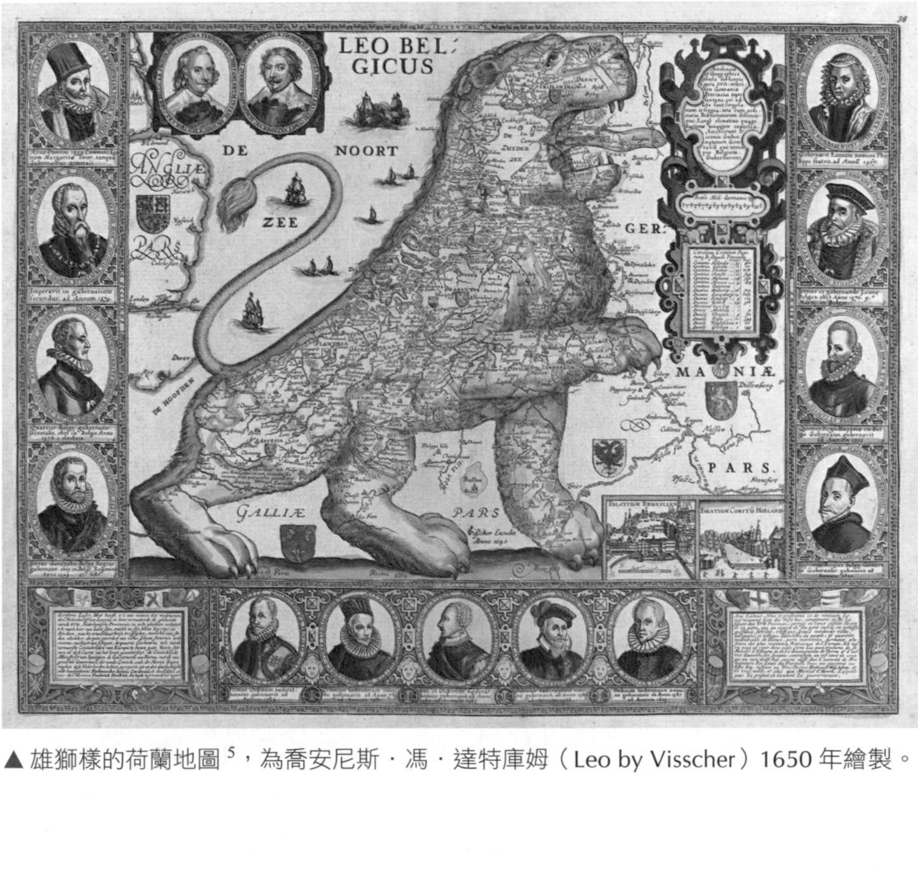

▲ 雄獅樣的荷蘭地圖[5]，為喬安尼斯．馮．達特庫姆（Leo by Visscher）1650 年繪製。

這些負責加工的磨坊、鋸木廠和造紙廠，都有大量風車，這是它們最為倚仗的動力來源。也正是在風車的不斷轉動下，人類社會最早的工業區形成了。

十八世紀末，荷蘭已有約一．二萬架風車，一架風車的功率能達到驚人的六千匹馬力，可見技術之成熟。這些風車可用來碾壓穀物、粗鹽、可可、菸葉、胡椒、芥末、檸檬等，還被用來壓滾毛呢[6]、毛氈、造紙、染色……幾乎無所不能。當然，它還具有抽水功能。正是靠著風車不停吸水、排水，荷蘭的國土才不致被淹沒。

今天，風車已經不再是荷蘭人的生活必需品，因此荷蘭的風車經濟也進入了一個新階段——旅遊和文化保持的階段。

如今的荷蘭，圍海大堤早已築成，人們不再需要用風車抽水保全土地，曾經的海域也變成了陸地與湖泊。在這片湖泊四周，名城林立，如馬爾肯（Marken）、埃丹（Edam）、沃倫丹（Volendam）、霍倫（Hoorn，又稱荷恩）和恩克赫伊曾（Enkhuizen）等。當年，它們是小漁港、磨坊區、貿易城等，但它們都有一個共同點，即都與風車有關，與荷蘭的海上經濟有關。直到今天，這個被稱作「北海黃金貿易圈」的地區仍是世界上經濟最發達的地區之一，荷蘭仍是世界上最重要、最富庶的貿易國家之一。

從早期利用風車與海爭地，到海上馬車夫時代的風車工業，再到如今以風車為核心的旅遊和文化保持，荷蘭與風車的緣分一直在繼續。

風車不僅僅是風車本身，更是荷蘭人的象徵。早期與海爭地，體現的是荷蘭人的拚搏進取精神。海上馬車夫時代的風車工業，體現的是荷蘭人在自由貿易和市場經濟上的嫻熟運作。至於當下，體現的是荷蘭人在環保和可持續發展領域表現出的理性態度。

這個宗教政策一向寬容，對不同思想十分包容，又有著悠久地方自治傳統的國家，用風車告訴我們：一個以商立國，以市場經濟和契約精神為本的國家，蘊含著多麼大的力量。

6　對用各類羊毛、羊絨織成的織物泛稱。

荷蘭篇

02 挖運河不需國家允許，當地人說了算

在荷蘭，挖運河是一件和吃穿一樣重要的大事。而且，每座城市在挖運河這件事上的不同之處，正隱藏著荷蘭崛起的真正原因。

你可能想問：「為什麼荷蘭城市挖運河的差異，隱藏著荷蘭崛起的真正原因？」

這要從建設運河的主體說起。談到運河，一定繞不過中國的隋煬帝，他的好大喜功和全民總動員，雖然引發了隋末之亂，但大運河工程客觀上確實利在千秋。不過，在中國古代，運河建設基本是國家行為，政府下命令，民眾服役出力氣。但在歐洲，建設運河是各個城鎮甚至村落的自發行為。後來隨著經濟發展，運河水道才逐漸連為一體。

之所以要挖掘運河，原因之一是和地理有關。歐洲運河較多的國家，有荷蘭、德國、法國，以及北歐的丹麥和瑞典等。這些國家地勢平坦，河流、湖泊眾多，又有廣闊的海岸線，雨水也較充足，特別適合建設運河。另一方面，歐洲城市化較早，手工業發展快，帶動了運輸業的發展。在海運業興起的同時，也需要內河航運與運河的配合。反過來，運輸業的發展，又推動了手工業的品質提升與創新。可以說，歐洲商業文明的進步，就是在生產、流通和銷售的良性循環中形成的。

同時，在古代歐洲，國家很少也很難規劃統一的大工程，他們早已習慣因地制宜，根據自身情況和需求設計工程方案。在運河建設上尤其如此，因為河道千差萬別，在沒有現代化測量、規劃和設計能力的情況下，沒有比當地人更好的建設者了。當然，隨著經濟發展、技術進步，近現代歐洲的運河挖掘也走上了國家規劃的道路。比如運河系統貫穿東西南北的英國，又比如在十八世紀時大興東西向運河系統的普魯士王國（Kingdom of Prussia）[7]，但這些都已是後話。

在古代歐洲，當地人自行規劃、設計和建設關乎民生和經濟的重大工程，本身就是一種城市自治訓練。它需要當地執政者的眼光和組織能力，需要民眾的共同參與，需要金錢運作，需要後勤保障。在這個過程中，人們明白了自治的意義和方式。尤其是在運河歷史最悠久的荷蘭，這種地方自治傳統更是深入人心。

荷蘭的獨立也因為自治傳統而造就。嚴格來說，是當時西班牙君主意圖對荷蘭加強控制，衝擊了城市自治權，使習慣於自治的商人和市民階層感受到巨大危機，由此引發了激烈反抗。

從建設運河到保衛運河，其實也是推動經濟和保衛經濟成果的過程，荷蘭人牢牢的將命運握在自己手中。在他們心裡，從來就沒有皇帝，更沒有青天大老爺。

7　位於現今德國北部和波蘭西部的王國，存在時間為一七〇一年至一九一八年。

▲荷蘭烏特勒支運河最大的特色在於碼頭，這些碼頭的水平低於一般的道路、臨水之畔，形成獨特的景觀。

荷蘭篇

03 就算你是國王，也不能隨便從我口袋拿錢

在很多人的認知裡，國王的形象都是有錢、生活奢靡、要什麼有什麼。事實上，歐洲的國王日子並不好過。關於這個問題，許多書籍中都有描述。

自中世紀以來，歐洲的國王在財政方面非常弱勢。雖然實行君主制，但國王根本無法享受「普天之下莫非王土」的快感，更無法享有國家財富。這是因為王國的許多領地屬於貴族封地，國王直接管轄的土地並不多，稅收也有限。

中世紀的歐洲戰火頻仍，打仗本就需大量花錢，即使國王臨時加稅，也很難得到貴族的支援，光靠自己直轄土地上那點稅收，哪裡能應付得了戰爭開銷？

所以，很久之前，歐洲的國王們就習慣於向商人借錢。問題是借到了錢，國王也沒錢還，所以常有國王宣布破產。這就是以一種耍賴皮的方式不償還債務。但開支還是要維繫，還是得繼續借錢，卻因賴帳問題，又很難借到錢，於是就得答應各種苛刻條件，這真是不折不扣的惡性循環。

法國大革命的爆發，同樣與王室的巨大財政壓力有關。因為歷代法國國王時有欠帳，法國民眾的稅負也相當沉重。即便如此，法國財政仍然捉襟見肘，經常深陷債務危

機，國王也因此無法繼續借錢。

到了路易十六（Louis XVI）時代，由於之前路易十五（Louis XV）熱衷於征伐所帶來的高額債務，債務壓力更是沉重。法國一年的財政收入，在償還外債利息後所剩不多，更別提做別的事情了。

一七七七年，路易十六提拔瑞士銀行家賈克·尼克（Jacques Necker）擔任法國財政總監，希望利用其豐富的人脈和經驗，獲取瑞士金融界的幫助。但上臺後的尼克實行了徵稅承包制度，大刀闊斧的改革反而讓法國陷入「富人更富，窮人更窮」的局面。遭到法國特權階層反對後，他又公布了法國政府的財政報告，這也是世界上首次有國家公布財政報告。報告中展示的法國王室的龐大開銷，引來民眾如潮的批評，最終引發了法國大革命。

在荷蘭，更是如此。荷蘭人天生就討厭別人從自己的口袋裡拿錢，特別是國王們不分青紅皂白的增加各種稅金。

前文說過，十六至十七世紀，荷蘭已經成為半個歐洲的進出口中心。但是他們的吝嗇也出了名。當時，英國的政治家喬治·坎寧（George Canning）曾經概括荷蘭人性格特點說：「**做生意時，荷蘭人的缺點在於出價太低，要價太高。**」

一八一四年，荷蘭王國成立，第一任國王威廉二世（Willem II）頒布律令要求大臣要對君主負責。但很快，荷蘭人就將這條律法改成了大臣要對國會負責，沒必要對君主負責。因為荷蘭人覺得，國王不能帶領大家致富，那就架空好了。

荷蘭篇

04 海上馬車夫，歐洲第一個現代經濟體

站在荷蘭霍倫市起司廣場的中央，我環顧四周。最搶眼的建築莫過東側的秤量房（Waag，見下頁圖），它建於一六〇九年，當年用於起司貿易稱重，美麗的山牆至今仍見證著昔日繁華。秤量房南側有一座雕像，是霍倫本地人簡・皮特斯佐恩・科恩（Jan Pieterszoon Coen，或譯顧恩）。十七世紀初，他是荷蘭東印度公司的總督。

別小看這個小小的起司廣場，也別小看霍倫這個如今安靜甚至毫不起眼的小城，昔日荷蘭取得海上霸權、十七世紀海上馬車夫的得名，都與這裡息息相關。

我們知道，荷蘭有良好的商業基礎，這首先與造船業的悠久傳統有關。十五至十六世紀，荷蘭造船業的規模和技術水準均冠絕全球，僅阿姆斯特丹就有上百家造船廠。因荷蘭船隻品質好、造價低，歐洲各國紛紛在荷蘭訂購船隻。

荷蘭的地理位置也很關鍵，因為地處西歐西北角，包括北歐的木材和魚類、中歐地區的糧食、地中海地區的葡萄酒，乃至俄國的毛皮在內的各種貨物，都以阿姆斯特丹和鹿特丹這樣的大港為集散地。可以說，全歐洲的商品都要先源源不斷的流入荷蘭，然後才能流向歐洲各國。

▲ 荷蘭霍倫秤量房。早期起司搬運工會將起司搬到秤量房裡過磅，並由檢查員確定起司的品質。過關的起司會被蓋上印章，標明製造廠商、重量和日期等。

荷蘭之所以能夠成為海上馬車夫，最關鍵的還是在於它的商業意識和自由意識。荷蘭的經濟奇蹟貫穿整個十七世紀，對世界經濟的影響極為深遠，因此**荷蘭被學界視為歐洲第一個現代經濟體**。十七世紀後期，荷蘭GDP比英格蘭（England）、蘇格蘭（Scotland）和愛爾蘭（Ireland）的總和還要高出三〇％以上，不到兩百萬的人口，約為英國人口的四〇％，人均GDP的優勢卻如此巨大。

荷蘭的近代化始於從一五六八年延續至一六四八年的八十年戰爭，這是一場為了反抗西班牙帝國的統治而爆發的獨立戰爭。這場獨立戰爭最重要的成果是新國家的建立，即荷蘭共和國成立。一五八七年十二月，享有獨立主權的荷蘭共和國出現於歐洲版圖之上。一六四八年的《西發里亞和約》（*Peace of Westphalia*）簽署後，荷蘭共和國的主權完全確立，歐洲經濟也隨之迎來轉折。

這個轉折來之不易，以商業和海上貿易發達著稱的荷蘭，崛起之路本身就是一條與舊式壟斷貿易決裂的鬥爭之路。在此期間，荷蘭與西班牙衝突不斷，荷蘭甚至讓一度稱霸世界的西班牙苦不堪言。

而從一六四八年到一七一五年，荷蘭人最主要的敵人由西班牙人變成了英國人，雙方一度勢均力敵，隨後荷蘭漸漸衰落。這一時期的荷蘭人，擁有世界上最龐大的船隊，貿易遍布大西洋、太平洋和印度洋，聯省共和體制下本土和殖民地都有城市自治、地方分權、宗教寬容和經濟自由。

荷蘭篇

05 不論誰掌權，都把商業利益放第一

在電視和各種社群上，經常提到中國與歐洲人的茶葉貿易。的確，茶葉貿易曾讓荷蘭人賺得盆滿缽滿。更重要的是，雖然**荷蘭人**抵達東方的時間比葡萄牙人晚了一個世紀，卻**是首先將茶葉輸入歐洲的國家**。一六〇七年，荷蘭人從澳門將茶葉運往印度尼西亞，並於一六一〇年帶回荷蘭，從而開啟了歐洲與中國的茶葉貿易。

整個十七世紀，荷蘭都是西方最大的茶葉販運國。除自身消費外，他們還將茶葉販賣至歐洲其他國家和北美殖民地。就像中世紀威尼斯商人轉售香料獲取暴利一樣，茶葉的利潤也相當驚人。當時，阿姆斯特丹每磅茶葉售價為三先令四便士[8]，而到了英國的倫敦則高達兩英鎊[9]十八先令四便士。

一七二九年，荷蘭東印度公司開啟了對華直接貿易，用今天的話來說，就是「沒有中間商賺差價」。他們在廣州收購的茶葉，回到荷蘭以兩到三倍價格出售，賣到其他國家就更貴了。

瓷器生意同樣如此。成為海上霸主後，荷蘭一直是中國景德鎮瓷器的最大買家。光在一六〇二年到一六五七年間，運往荷蘭後又轉往歐洲其他國家的瓷器，就達三百萬件

以上。荷蘭人作為外來者，甚至還掌控了亞洲的瓷器流通生意，先後將數百萬件瓷器運往印度、錫蘭、緬甸和中亞諸國，尤其是鍾愛瓷器的日本，更成為荷蘭最主要的瓷器傾銷地。

另外，精明的荷蘭人並不單純購買瓷器，他們還在中國購買原料、尋找工人在日本生產瓷器。如著名的伊萬里瓷器就在這個時期誕生，日本瓷器也因此源源不斷流向歐洲。十七世紀初期，荷蘭人研發出著名的台夫特藍陶（Delft Blue，見下頁圖），至今仍是世界頂級瓷器品牌。

荷蘭的聯省共和時代，一直是史學界的重點研究對象。這個以商業為基礎的政治形態，即使到了今天仍然值得借鑑。

當時的荷蘭有高度活躍的城市經濟，七個聯合省均有密集的城市網，並實現了城市自治。當時由於每個城市各自徵稅，城市管理者為了發展商業，就必須維護公民權益，並營造個體自由。同時，因為聯省的緣故，各城市利益捆綁，從而形成共同體。因此必須群策群力，相互聯繫，即使是最強大的阿姆斯特丹城也不例外。因為利益的共同捆

8　先令（Shilling）曾經是英國、前英國附庸國，或附屬國與大英國協（Commonwealth）國家的貨幣單位。「先令」這個字源於盎格魯撒克遜時期的古英語 Scilling，是當時的會計名詞，大約等於當時肯特郡（Kent）的一隻牛或其他地方一隻羊的市值。

9　一英鎊等於二十先令，一先令等於十二便士，在一九七一年英國貨幣改革時被廢除。

綁，城市間的協作變得十分重要，每個城市各司其職，比如台夫特（又譯代爾夫特）、哈倫就以工業見長；鹿特丹作為港口則長於造船業和對外貿易；海牙是當時的政治中心，負責內部協調與對外溝通。

如今世界上許多國家崇尚信仰自由，當時的荷蘭就已實現。正因如此，它接納了大量移民，城市迅速壯大。所謂「尼德蘭民族」，其實相容了法蘭德斯人、瓦隆人、德意志人、葡萄牙人、猶太人和法國胡格諾教徒等諸多民族和宗教人員。

在聯省共和下，荷蘭的商業利益被放在了第一位，不管誰掌權，商業利益都是關鍵。甚至連歐洲人最重視的宗教都可以退而居其次，比如天主教國家不允許女性墮胎，荷蘭東印度公司的一些商人就會開著小船在葡萄牙、法國和西班牙等天主教國家附近的公海游弋，專門提供墮胎醫療服務。雖然看起來有些「為了賺錢不擇手段」，但從中也可看出荷蘭人的精明。

正是在這種利益考量之下，荷蘭人才完成了諸多歷史壯舉。除了前文提到的證券交易所和國家銀行之外，後面還有許多耐人尋味的細節我會為

▲藏於普希金博物館（Pushkin State Museum of Fine Arts）中的台夫特藍陶。

大家一一道來。

比如我們現在常說的「進口替代」[10]概念，荷蘭人當時就已有嘗試。一六七二年，荷蘭與法國的關稅之戰打得激烈。法國人為抑制荷蘭造船業而停止出口帆布。但荷蘭人抱團取暖，哈倫等工業城市迅速反應，生產大量亞麻帆布，不僅滿足了本土造船業的需要，還實現了真正的進口替代。更厲害的是，荷蘭人打開這一市場空間後，還變本加厲的進入英國和西班牙，搶占了原先屬於法國的市場。即使法軍因此入侵荷蘭，可在商業市場上仍然無法占到便宜。

直至今天，荷蘭仍然是世界上貿易最發達的國家之一。這個國土面積小、自然環境惡劣的國家，富庶安定，人均GDP和可支配收入長期位居世界前列，坐擁阿姆斯特丹、鹿特丹等全球最具活力城市。這一切說到底還是因為它繼承了舊日傳統。

當然，前文說到的霍倫其實也繼承了這樣的傳統，它古樸優雅，保留著舊時街巷與建築，隨處可見昔日榮光。但它也沒有僅僅活在過去，而是繁榮商業與富庶生活並存，就像荷蘭其他城市一樣，它也安定而宜居。

10　扶持本國消費品的生產，並且抑制外國進口產品的策略。

荷蘭篇

06 一朵鬱金香能換一棟豪宅的狂熱

相信大家都不會忘記，法國作家大仲馬（Alexandre Dumas）曾在其名作《黑色鬱金香》（*La Tulipe Noire*）裡這樣稱讚一款名為「黑寡婦」的鬱金香：「豔麗得讓人睜不開眼睛，完美得讓人透不過氣來。」他還在書中提到一座種滿鬱金香的城市，即荷蘭的哈倫。這座名為哈倫的古老小城，幾個世紀來一直盛產鬱金香，自一六三〇年以來一直是鬱金香交易中心。即使在以鮮花聞名的荷蘭，它也是首屈一指的「花城」。

雖然如今遊客更為熟知的花城是庫肯霍夫（Keukenhof），但庫肯霍夫原本只是城堡附屬花園，經過多年發展後才變成如今荷蘭最大的花園。不像哈倫，歷史悠久，而且這裡不但有花，還有交易。

距離荷蘭首都阿姆斯特丹僅二十公里的哈倫，如今看來是一座不折不扣的小城，但它當年是荷蘭第二大城市。哈倫始建於十世紀，一二四五年建市，中世紀後期依靠紡織業、釀酒業和造船業繁榮一時。後來，哈倫成為荷蘭的鬱金香交易中心。時至今日，哈倫城外還有綿延花海，不僅有三千公頃鬱金香，還有其他花卉。

不知大家是否知道，如今仍坐擁三千公頃鬱金香花海的哈倫，曾是一場經濟泡沫的中心地帶！在這裡，一場被視為經濟史上第一大泡沫的鬱金香狂熱（Tulpenmanie，又稱鬱金香泡沫，後續以此稱之），曾險些毀掉荷蘭這個曾經的世界第一強國。

荷蘭的鬱金香並非土生土長，而是來自中亞平原。但中亞並未成為鬱金香的發跡之地，反倒是在荷蘭，鬱金香找到了自己的士場。一五五四年，奧地利駐鄂圖曼帝國（Ottoman Empire）大使在伊斯坦堡（Istanbul）的宮廷花園裡初識鬱金香，並將一些種子帶回維也納（Wien）。經過奧地利植物學家克盧修斯（Carolus Clusius）的悉心栽培，鬱金香在歐洲生長起來。一五九三年，克盧修斯受聘擔任荷蘭萊頓大學（Universiteit Leiden）植物園主管，又將鬱金香帶到荷蘭。

很快，鬱金香就受到荷蘭上層社會的關注，許多貴族都希望能向克盧修斯購買一株鬱金香，但都被後者拒絕。但是鬱金香的魅力太大，克盧修斯的不肯成人之美之舉，最終引來了小偷。克盧修斯為此十分惱火，將手上的鬱金香球莖全部送給在荷蘭的朋友。結果，鬱金香在荷蘭迅速流傳，也成為那個時代的花卉時尚。

史上最早的泡沫經濟事件

關於鬱金香泡沫，我們熟悉的說法是這樣的：

十七世紀的歐洲，因為經濟的發展、物資的豐富，社會風氣為之一變，貴族和商人的生活日益奢靡。對於當時的上流社會來說，能夠體現身分的最好標誌就是豪宅、花園

▲ 哈倫市政廳。哈倫從 1630 年起以鬱金香的種植和出口而聞名，享有「花城」的盛譽。

和鮮花。鬱金香出現後，很快就成為上流社會的標誌之一。

當時，鬱金香雖然已在歐洲種植和流傳，但畢竟引入時間短。而且鬱金香原本就是難以短時間培育的植物，球莖母體只能生長幾年，而從種子開始培育到開花，需要三至七年時間，因此數量有限，價格十分昂貴。所以誰家裡有鬱金香，都會當成奢侈品用於炫耀。

除了花朵之外，以鬱金香裝點宴會和家居也是一種炫耀方式。鬱金香甚至還會被當成女性裝飾品，當年巴黎女子上街，若能戴上一朵鬱金香，堪比鑽石。

其實最早把鬱金香奢侈品化的不是荷蘭，而是十七世紀初的法國。一六〇八年，就已經有磨坊主為了獲得一個鬱金香球莖而賣掉自己的磨坊。還有人用價值三萬法郎[11]的珠寶去換取一個鬱金香球莖。

天性浪漫的法國人做出這種事，並不讓人感覺奇怪。但荷蘭人沉迷於鬱金香，卻讓不少人詫異。要知道，荷蘭人一向低調務實，這個與海爭地、熱衷做生意的國家，比法國人能幹多了。他們經歷了八十年戰爭的勝利，經歷了海上馬車夫的輝煌，還是十七世紀最富裕、進步的國家。這樣一個國家，居然會集體沉迷於一樣東西？

有人將之歸結為「成也冒險精神，敗也冒險精神」，因為**熱愛冒險而開創了海上馬**

11 法郎曾是法國以及摩納哥和安道爾的流通貨幣。現在，這些國家也都已經轉用歐元。

車夫時代的荷蘭人，在投機面前也選擇了冒險。

據記載，當時是投機商先開始囤積鬱金香球莖，繼而輿論也推波助瀾，將鬱金香包裝為奢侈品和身分的象徵。荷蘭人便開始搶購鬱金香球莖，尤其是那些被神化的稀有品種。有意思的是，被視為稀有的那些色彩斑斕的鬱金香品種，其實都是被一種特定的鬱金香花葉病毒感染所致。

一六三四年開始，荷蘭全國上下都為鬱金香瘋狂，許多人傾家蕩產的去收購鬱金香球莖，希望能炒出好價錢。他們一開始確實也賺到了錢，低吸高拋，就有錢賺。

在賺錢效應下，越來越多的人選擇將全部積蓄都投進去，甚至還有人賣房「炒」鬱金香。可見，許多人是在「踩空」的懊惱中選擇高位入場的。

擁有世界上第一個證券交易所的荷蘭，**在鬱金香狂潮中又實現了金融史上的一個創舉——開設鬱金香交易所**。當時歐洲各國投機商都盯上了鬱金香，為方便交易，荷蘭人在阿姆斯特丹證券交易所內，開設了固定的鬱金香交易市場。此後，鹿特丹等城市相繼開設了鬱金香交易所。

一六三六年，鬱金香價格已達到驚人地步。不但稀有品種價格高昂，連普通鬱金香的漲幅都十分嚇人。一個普通品質的球莖，平均價格約一百六十荷蘭盾[12]，到了一六三七年初時，這些甚至漲到了兩百荷蘭盾，而當時荷蘭人的平均年收入僅有一百五十荷蘭盾，熟手工匠也不過兩百五十荷蘭盾。

而稀有品種的漲幅就更誇張了，有一款「永遠的奧古斯都」（Semper Augustus，見下頁圖），在一六二三年的價格為一千荷蘭盾，但一六三六年竟然漲到五千五百荷蘭盾，一六三七年二月更是達到六千七百荷蘭盾的峰值，**足以買下阿姆斯特丹運河邊的一幢豪宅**。

當時關於鬱金香的故事數不勝數，當然，有人質疑其中不少是捏造的。在這場泡沫中，許多故事都與哈倫有關。比如海牙有個鞋匠培育出了一株黑色鬱金香，結果一群來自哈倫的種植者馬上以一千五百荷蘭盾的高價買下。但讓所有人意想不到的是，買家得到這株鬱金香之後，立刻將之摔到地上踩爛。因為他們也有一株黑色鬱金香，所以才高價購買後踩爛。

還有個著名的故事，七個孤兒從辭世的父親手上繼承了一筆遺產，不是房子也不是鈔票，而是七十個鬱金香球莖。七十個總共賣了五萬三千荷蘭盾，其中一個稀有球莖更是賣出了五千兩百荷蘭盾的高價，要知道，這五萬三千荷蘭盾相當於一個荷蘭人辛苦工作三百五十年的收入！

當時，鬱金香甚至還承載了部分貨幣功能。有資料顯示，一個稀有鬱金香球莖可以換四頭牛、八頭豬、十二隻羊、兩大桶紅酒、四桶啤酒、一千磅起司、兩噸奶油、一張床、一個銀製杯子、一套做工精細的衣服、二．五噸麥子和五噸的黑麥。請留意，是總

12　荷蘭盾為十三世紀開始流通的荷蘭貨幣，至二〇〇二年逐步被歐元所取代。

共能換這麼多，而非單獨交換其中一種。當時，這些東西加起來大概需要一千五百至兩千荷蘭盾，居然只能換來一個球莖！甚至用鬱金香球莖換取房屋、土地和農場的例子也不罕見。

一個普通的花卉球莖居然能值普通人一年的收入，而一個稀有的花卉球莖居然能換來莊園，這顯然是不正常的。更糟糕的是，因為市場供不應求，居然還一「球」難得。結果荷蘭人只能開始買賣第二年（一六三七年）將要成熟的鬱金香球莖。換言之，荷蘭人開創了鬱金香期貨市場！人們在期貨市場上的買空、賣空，更助長了鬱金香泡沫。此時，鬱金香球莖已成為荷蘭第四大出口產品，僅次於琴酒、鯡魚和起司。諷刺的是，沉迷於鬱金香期貨交易、渴望一夜暴富的投機者中，有不少人甚至連鬱金香長什麼樣都不知道。

就像股票市場的非理性瘋漲必然導致暴跌一樣，鬱金香的泡沫也

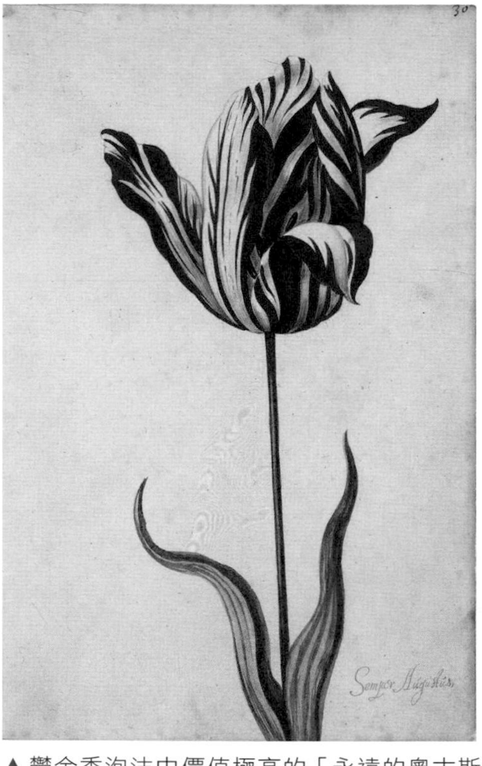

▲鬱金香泡沫中價值極高的「永遠的奧古斯都」，因鬱金香條斑病毒而有白色條紋。

會破碎。但直到今天，都沒人搞清楚鬱金香泡沫是如何破裂的。

有一個著名的說法，稱一名外國水手，將船主花三千荷蘭盾買來的鬱金香球莖當成洋蔥吃掉了，等於這一頓飯吃掉了全船船員的全年收入。

但要說人們因為這件事認清了鬱金香價值的脆弱，顯然有段子的成分。

目前最可信的鬱金香泡沫破裂原因，仍舊和哈倫有關。一六三七年二月，在哈倫的一場例行鬱金香球莖拍賣會上，買家們第一次拒絕出席，而這一行為被投資者們理解為市場見頂訊號，引發恐慌。鬱金香市場隨即崩盤，幾週後的價格就跌至原先的一%甚至更低。

如果事實真的如此，那麼哈倫的這場拍賣會引發的蝴蝶效應威力堪稱驚人。雖然後人看來，鬱金香泡沫遲早有破碎的一日，但大家仍然會感慨於導火線出現的偶然性。

根據分析，買家們之所以缺席這場拍賣會，是因為當時有嚴重的傳染病暴發。不過無論原因是什麼，這之後鬱金香價格一落千丈，普通品種更是一文不值，還比不上一顆洋蔥。

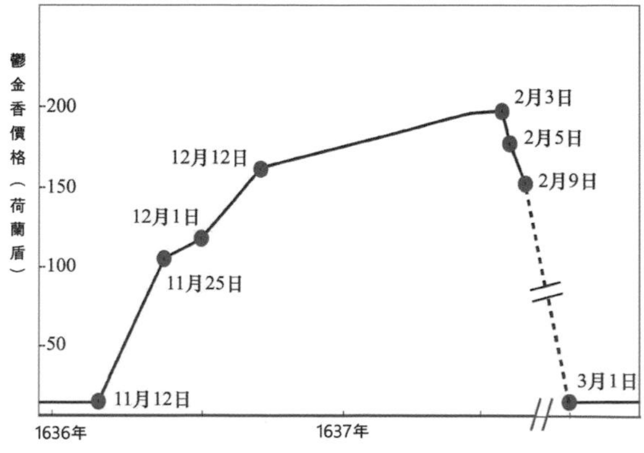

▲從 1636 年 11 月 12 日到 1637 年 3 月 1 日的鬱金香合約標準化價格指數變動圖，其中 2 月 9 日快速探底，無法知道下跌路徑，故用虛線表示。

為此傾家蕩產的人們只能求助於法院，希望法庭能幫他們兌現合約。但鬱金香交易原本就是一環扣一環的連鎖反應，集體暴跌之下，無人能獨善其身。許多人傾家蕩產，富商、貴族都成了乞丐，對此荷蘭政府也無能為力。一六三七年四月二十七日，荷蘭政府決定終止所有未兌現的鬱金香合約，禁止投機性鬱金香交易。

在傳統記載中，鬱金香泡沫的影響極為深遠。它使得荷蘭陷入經濟大蕭條，也漸漸失去了海上霸主地位，繼而被英國所取代。

沒人破產、沒人跳河、沒有經濟危機

不過，近年也有許多人質疑，鬱金香泡沫雖然存在，但對鬱金香泡沫的記載，其實是一個更大泡沫中的一個組成部分，記錄者顯然誇大了鬱金香交易的影響。

現在關於鬱金香泡沫的記載，多半出自一八四一年出版的《異常流行幻象與群眾瘋狂》（*Extraordinary Popular Delusions and the Madness of Crowds*），作者是蘇格蘭歷史學家查爾斯．麥凱（Charles Mackay）。

他在書中寫道：「誰都相信，鬱金香熱將永遠持續下去，世界各地的有錢人都會向荷蘭發出訂單，無論什麼樣的價格都會有人付帳。歐洲的財富正在向須德海岸集中，在受到如此恩惠的荷蘭，貧窮將會一去不復返。無論是貴族、市民、農民，還是工匠、船夫、隨從、夥計，甚至是掃煙囪的工人和賣舊衣服的老婦，都加入了鬱金香的投機。無論處在哪個階層，人們都將財產換成現金，投資於這種花卉……在沒有交易所的小鎮，大一點的酒吧就是進行鬱金香交易的『拍賣場』。酒吧既提供晚餐，同時也替客人確認交易。這樣的晚餐會，有時會有兩、三百人出席。為了增加顧客的滿足感，餐桌或者餐具櫃上往往整齊的擺放著一排排大花瓶，裡面插滿了盛開的鬱金香。」麥凱將鬱金香的泡沫描述成「大眾的集體瘋狂而引發的事件」。

這種觀點直到一九八〇年代仍無人質疑，但到了一九九〇年代，對於有效市場理念的支持者來說，鬱金香泡沫顯得有些過於玄妙了。

歷史學者安妮．戈德加（Anne Goldgar）的著作《鬱金香：荷蘭黃金時代的金錢、榮譽和知識》（*Tulipmania: Money, Honor, and Knowledge in the Dutch Golden Age Paperback*）是質疑論的最重要著作。在她看來，要理解鬱金香，就必須先了解十七世紀的荷蘭社會。

當時的荷蘭，透過國際貿易賺取了巨額財富，阿姆斯特丹、哈倫和霍倫等城市都成了歐洲最重要的貿易中心。這個由商人主導的國家，在經濟飛騰後，開始尋求生活中的文化價值，結果博物學就此興起。在這一背景下，荷蘭人乃至歐洲人迷戀異國情調，迷戀東方商品，都成了潮流。這些潮流使東方來的商品價格飆升，鬱金香的備受歡迎，恰恰基於這一土壤。

戈德加透過對鬱金香合約文件的研究還發現，當時「並沒有太多人參與（鬱金香炒作），經濟影響相當小」，大量關於鬱金香泡沫的報導，其實都是基於一、兩件事情的剽竊、複製和炒作。根據資料，即使在鬱金香交易達到頂峰時，參與者也只集中於商人和工匠之中。

研究者追蹤了當年鬱金香市場知名買家和賣家的生活狀況，發現在鬱金香泡沫之後，有據可查的，發生財務問題者只有六人。而且，即使是這六個人，他們的財務問題是否來自鬱金香交易也不可知。

還有研究者以十九世紀初的風信子作為對比。當時，風信子取代鬱金香成為最時髦的花種，價格也一度狂飆，但此後也慢慢下跌，直至峰值價格的一%才停下。

那麼，鬱金香泡沫為什麼會被誇大？這跟當時的宗教觀念有關。十七世紀，荷蘭的社會財富飛速增長，經濟的過快發展引發了許多人的社會焦慮。雖然荷蘭一直都是相當開放的國家，但不代表宗教完全開放。那時，一些人開始印刷小冊子，宣揚財富有毒論，認

▲ 1637 年出版，對鬱金香狂熱批判的宣傳手冊。

為消費主義會引發社會墮落。所以，他們借助鬱金香狂熱，意圖教化民眾。

有研究者認為，那些關於鬱金香泡沫的故事，比如前文提到的水手將鬱金香當成洋蔥吃掉、清潔工人傾家蕩產入市等，最早都見於這類小冊子，或許很有可能是捏造的。畢竟，寫這些小冊子的人從來都不是受害者，而是宗教人士。

應該說，宗教層面的勸誡起到了很大效果，荷蘭人後來一度很厭惡鬱金香，也將之視為投機教訓，又重新回到踏實的路上來。

現今，荷蘭人依舊樸實，荷蘭也重新成為鬱金香的王國，而且**還占據了全世界鬱金香出口量的八成以上**。至於哈倫這座老城，經歷了風風雨雨，依舊保持著舊時模樣。

荷蘭篇

07 荷蘭東印度公司，改變亞洲的海上帝國

荷蘭東印度公司，準確名稱應叫「聯合東印度公司（Vereenigde Oost-Indische Compagnie，簡稱VOC）」，堪稱「聯省共和」的產物。

一六〇二年，聯省議會大議長奧爾登巴內費爾特（Johan van Oldenbarnevelt）與一群從事遠洋探險和貿易的冒險家合作，組成了註冊資本有六百五十萬荷蘭盾的聯合東印度公司，該公司很快就成為荷蘭擁有最多雇員的貿易實體。

當時，東印度公司在荷蘭境內設置了六處辦公室，分別位於阿姆斯特丹、台夫特、鹿特丹、米德爾堡（Middelburg）、恩克赫伊曾和霍倫等六座城市。

荷蘭東印度公司的運作，充分體現出荷蘭人的商業頭腦。這是一家名副其實的股份制公司，也**是世界上第一家股份制公司**。它依靠國家信譽以近代股份籌資的方法，吸收和募集社會資金，以維持對外貿易所需要的龐大資本。而且為了吸引資金，股份切割極小，絕對「豐儉由人」[13]。但為了保證公司決策，董事會的十七人掌握著絕大多數股權。為了體現股份的價值，**荷蘭**還**創立了世界上第一家股票交易所**，賦予股票流動性，以達到融資效果，這也是世界經濟史上的一個創舉。也正是因為荷蘭商業的繁榮，一六

〇九年，**荷蘭人創辦阿姆斯特丹國家銀行，這也是歐洲首家國家銀行**。

當然了，東印度公司可不光是做生意，還喜歡打仗。這家公司僱用的冒險家和傭兵，先後擊敗了西班牙人、葡萄牙人和英國人，搶了不少地盤，甚至還在印度東西海岸、日本和臺灣設立商行。

荷蘭人的生意頭腦厲害，做起事來也滴水不漏。他們很早就懂得法理的重要性，如一六〇三年，東印度公司曾與西班牙人有過一場爭奪戰，最後荷蘭人獲勝。即使後來對簿公堂，東印度公司也以勝訴告終。不過得理不饒人的東印度公司居然受此啟發，找到一位著名律師，請其撰寫一份詳盡的法律報告，以便在今後訴訟中有法可依。這位名叫格勞秀斯（Hugo Grotius）的律師寫成報告後，又將其中一章獨立整理成書，也就是著名的《海洋自由論》（*Mare Liberum*）。

到了一六六九年，荷蘭東印度公司已成為世界上最富有的私人公司，它擁有超過一百五十艘商船、四十艘戰艦、五萬名員工、一萬名傭兵，股息高達四〇％。荷蘭的商船總噸位在一六七〇年便已超過了英、法、德、西、葡等主要歐洲國家的總和。

在荷蘭東印度公司的發展歷程中，在霍倫土生土長的簡．皮特斯佐恩．科恩（見下頁圖）地位尤為重要。一六一九年，他擔任東印度公司總督。也正是他，建立了亞洲範

13　指由你做決定。

圍內的貿易體系，並把生意做到了中國、日本和朝鮮等國家。一六四〇年他還占領斯里蘭卡（Sri Lanka）的加勒（Galle），打破了葡萄牙人對肉桂貿易的壟斷。

一七九九年，荷蘭東印度公司解散。在近兩百年時間裡，荷蘭東印度公司向海外共派出一千七百二十二艘船隻，約有一百萬名歐洲人搭乘四千七百八十九航次的船隻前往亞洲。

在荷蘭之前，葡萄牙人和西班牙人曾主宰海上霸權。當葡萄牙人和西班牙人的霸權被荷蘭人替代後，兩者都步入沒落。時至今日，伊比利亞半島兩國早已是不折不扣的二流國家，僅有旖旎風光和宜居環境可供慰藉，經濟在歐洲屬中間，在已開發國家裡排名中下。

而荷蘭的海上霸權在被英國人替代後，雖也逐漸沒落，但GDP、人均可支配收入，和經濟健康度始終位於世界前列，直至今天仍然是世界上最發達的國家之一。

之所以有此區別，實與荷蘭人對商業的重視有關。在西班牙掌握霸權的時代，商業體系中國家是最大的商

▲簡・皮特斯佐恩・科恩像，荷蘭聯合東印度公司在 17 世紀的印尼總督。

人，國王和貴族依靠海外貿易的財富享樂，並不關心商業本身。大航海時代開啟後，地理上的大發現必然需要武力的支撐，掠奪也就成了海洋國家賺取第一桶金的必備法寶。荷蘭的發跡史當然也少不了血腥陰暗面，比如一六二〇年代，荷蘭人就透過血腥屠殺獨占班達群島（Banda Islands），獲取肉豆蔻的生產和銷售權。

但是，**相較於西班牙人和葡萄牙人的一味掠奪，荷蘭人更喜歡做生意**。也正是透過做生意，荷蘭人實現了原始積累，進而又將原始積累用於國內工商業發展，最終實現了商業的良性循環。

盧森堡篇

08 人均GDP世界第一，盧森堡沒有窮人

小學時我酷愛翻閱地理類書籍，也善於背誦國名和首都名。特別是當遇見那幾個國名與首都名基本相同的國家，總會覺得很有意思，比如盧森堡大公國和其首都盧森堡就是其中之一。

以上算是與盧森堡的「神交」，但我與它的初見則要延到二十多年後。

那天從巴黎開車前往盧森堡，抵達時已是下午。酒店在老城周邊的新城區，極容易找，可是酒店提供的停車場卻在鄰街的地下車庫，我起初不知道，開到酒店門口才知道已經過頭。整條大道都是實線，不能掉頭，只能兜個圈。一來一往，加上停車再走回酒店，足足折騰了十幾分鐘。

不過我趁此機會，在新城區裡晃了一下。在這裡，我透露一點，歐洲城市所謂的新城區，並非華人理解的概念。華人眼中的新城區都是近年興建，必有高樓大廈，車水馬龍，有些還成為城市新中心。歐洲城市所謂的新城區，往往只是相較於老城區而言，像布拉格（Praha）和盧森堡的新城區，其實也有幾百年歷史！說它們是新城區，無非是比老城區新一些而已。滿街的歷史建築，還多少帶著工業革命的氣息。

從這裡前往老城區，步行十分鐘即到，那也是遊客最為集中的歷史中心。老城區沿著佩特羅斯大峽谷（Alzette Valley）而建。這個東西走向、六十公尺深、過百公尺寬的大峽谷，恰恰是盧森堡新舊城區的分隔線。

從酒店步行至老城區，沿途會經過一些辦公大樓街區，與這個城市的主流建築一樣，最多不過四、五層。老建築與這三十年來的新建築交錯，看樣子平凡無奇，若是你了解盧森堡經濟就會知道，這當中藏著許多大企業的總部。

它們與歐洲法院、歐洲審計院和歐洲投資銀行一起，見證著盧森堡這個彈丸小國的強大經濟。

大航海時代後，海洋文明占據了絕對主導地位，眾多沿海國家也依靠海洋貿易成為世界強國。尤其是近代經濟發展較早的歐洲，幾乎所有已開發國家都有海岸線。試看今日的英國、法國、德國、荷蘭、瑞典和丹麥等，莫不如是。

說海洋決定了西歐和北歐的經濟發展，一點也不誇張。但內陸是不是就沒活路了？還真不是。你可知道，**盧森堡**這個西歐地區最發達國家、世界人均收入最高的國家，其實就是一個不折不扣的多山內陸國？

這個被法國、德國和比利時包圍，國土面積僅兩千五百平方公里、人口僅六十多萬的國家，不但**人均收入排名多年穩居世界第一**，**還是歐洲法院、歐洲審計院和歐洲投資銀行的所在地**，其首都被稱為繼比利時布魯塞爾和法國史特拉斯堡（Strasbourg）之後的「歐盟第三首都」。

不僅如此，它還是高度發達的工業國家，**全球最大的鋼鐵冶煉技術出口國，歐元區內最重要的私人銀行中心**，它有僅次於美國的**全球第二大投資信託中心，還是世界上第一個完成地面數位電視轉換的國家，掌控擁有數十顆衛星、覆蓋全球九成以上區域的世界最大衛星運營集團**。

這就是盧森堡，一個不但小而美，還小而強的國家。

▲ 佩特羅斯大峽谷是盧森堡老城與新城的交界處。

盧森堡篇

09　在申根，二十多個國家沒了邊境

有一次，我從中國搭飛機飛往奧地利首都維也納。下飛機後，第一時間開車前往七十公里外的匈牙利肖普朗（Sopron），等夜宿一晚後，第二天又重返奧地利遊玩。之所以如此選擇，第一是因為兩者距離很近，第二是肖普朗是遊客罕至卻很值得停留的中世紀古城，第三是酒店也遠比奧地利便宜。之後兩、三天時間裡，我在奧、匈兩國反覆出入的次數，連我自己也記不清。

還有一次，我從荷蘭恩斯赫德開車前往布爾坦赫（Bourtange）。一百多公里的車程，其中大部分時間都在同一條高速公路行駛。可國內手機運營商的簡訊反覆響起，提醒你進入新國家的資費，這是因為這段路不斷在荷蘭和德國兩國間穿插。

類似的體驗還有很多，在申根區內開車過境，看不到邊境檢查站，只有路邊歐盟統一的國名標牌和小小的舊時界碑。很多時候，你甚至會在順暢的駕駛中忽視這一切。對於旅行者來說，獲得一個能暢遊二十幾個國家的申根簽證，堪稱世界上最划算的簽證。

為什麼叫申根簽證？這是因為《申根公約》的簽署地就在盧森堡小鎮申根。一九八五年，德國、法國、比利時、荷蘭和盧森堡五國在這裡簽署了《關於逐步取消共同邊界檢查》協定，即《申根公約》。此後，《申根公約》的成員國逐步擴大為二十六國，包括奧地利、比利時、丹麥、芬蘭、法國、德國、冰島、義大利、希臘、盧森堡、荷蘭、挪威、葡萄牙、西班牙、瑞典、愛沙尼亞、拉脫維亞、立陶宛、波蘭、捷克、匈牙利、斯洛伐克、斯洛維尼亞、瑞士、馬爾他和列支敦斯登。

三十多年前的五國，在小城鎮裡畫了個圈，彼此間國界線就被淡化打破，繼而擴展至大半個歐洲。旅行者因此受益，而更大的受益者則是申根區民眾，他們得以更自由的流動遷徙，享受無邊界的便利，也享受著無國界經濟帶來的種種好處。

儘管近兩年來，歐盟一度受難民問題困擾，《申根公約》的價值觀也曾被質疑，但人們仍可在申根區內暢行。這個人類歷史上最偉大的嘗試之一，至今仍在繼續。

只有站在盧森堡申根小鎮的土地上，你才能明白《申根公約》為何選擇在此簽署。《申根公約》的五大創始國原本就是緊密鄰國，尤其是盧森堡，恰恰被德國、法國和比利時三國所包圍。

距離盧森堡三十多公里、位於國土南端的申根，與德國隔莫瑟爾河（Moselle）相望。一座大橋將兩者相連，無論開車還是步行，都可輕鬆跨國。過橋後，沿著德國土地走上一陣，又會踏上法國的土地。

換言之，地處盧德法三國交界的申根，可以完美詮釋《申根公約》的意義。而當年，《申根公約》就是在停泊於莫瑟爾河上的郵輪中簽署的。

坐在摩澤爾河岸邊，感覺愜意。河岸兩側遍布草木，綠意盎然。背後的申根小鎮，不過幾十戶人家，但一座座庭院充滿生活氣息。在它們的掩映中，可見一座申根紀念博物館立於道路旁，還有一座船形的申根商店建於河岸邊。

盧森堡這個彈丸小國，在此過程中顯然出力不少。因為國土小，又地處內陸，對別國的依賴性強，**盧森堡一直是歐洲一體化的重要推動者。它是歐盟的創始國之一，它的首都也是歐盟三大首都之一，還是《申根公約》的創始國之一**。

《申根公約》的核心內容，就是取消申根國相互間的邊境檢查點，並協調對申根區之外的邊境控制。根據該協定，旅遊者如果持有任意一個申根國家的旅遊簽證，即可合法的到所有申根國家。

剛提出這個烏托邦的設想時，連創始者們都無法確定它能否實現。因此，《申根公約》簽署時，除五個創始國外，當時歐洲共同體的其他幾個國家都表示反對，五個創始國也沒有任何一位首腦出席簽署儀式。在很多人看來，《申根公約》並不可行，即使實行也只是權宜之計，不可能長久。結果，直到協定簽署十年後，也就是一九九五年，五個創始國才真正開始實現邊界自由互通。

誰也沒想到，在之後的十幾年間，申根區迅速擴大至二十六國，人們對這一政策帶來的自由流動甘之如飴。

▲位於申根小城的《申根公約》紀念碑。

盧森堡篇

10 跨國旅行和打工，說走就走

第二次世界大戰之後，曾是世界中心的歐洲痛定思痛，反思戰爭，最終實現了戰後共識。而此共識的核心就是以協商與合作的形式達到利益最大化。

一九四八年的荷、比、盧三國關稅同盟，可算是歐洲一體化的先聲。一九五〇年，法國倡議建立歐洲煤鋼共同體（European Coal and Steel Community，簡稱ＥＣＳＣ）計畫。一九五八年，歐洲經濟共同體[14]誕生。一九六五年，歐洲共同體誕生。歐洲共同體的宗旨就是「在歐洲各國人民之間建立不斷的、越益密切的、聯合的基礎，清除分裂歐洲的壁壘」。

一九九一年，歐洲共同體十二國首腦在荷蘭的馬斯垂克（Maastricht）通過了《歐洲聯盟條約》，並於一九九三年十一月一日正式生效，從而宣告了歐洲聯盟即歐盟的誕

14 法國、聯邦德國、義大利、荷蘭、比利時和盧森堡六國，於一九五七年三月二十五日在羅馬簽訂了《羅馬條約》，正式官方名稱為《建立歐洲經濟共同體條約》（*Treaty establishing the European Economic Community*，簡稱ＴＥＥＣ），一九五八年一月一日成立，總部設在布魯塞爾。

生。按照歐盟規定，歐盟內部將實現資本的自由流通，發行統一貨幣，形成統一市場，制定共同的經濟政策，實行共同的外交、防禦措施，並加強司法及內政事務上的合作。

申根區與歐盟的成員國並不完全相同，卻是高度重合的。與歐盟一樣，它也是歐洲一體化的偉大嘗試之一，因為其形成了一個無邊境關卡的人員自由流動區，淡化了所謂的主權象徵。之所以說它是人類的偉大嘗試，是因為它重拾人類自由流動的夢想。

其實，在人類誕生之初，部落為了求生存，時常進行遷徙，人類文明也因此流轉交融。直至今日，移民仍然是人類文明無法迴避的課題之一。同樣，在人類歷史上，因為對領土和邊界的執念，敵視與戰爭從未間斷，人類的遷徙融合也頻頻受到限制。

現在，《申根公約》解決了這些問題，申根區內的幾億民眾可以隨時跨國旅行和打工，荷蘭人可以去價錢更低的德國加油站加油，比利時人可以去盧森堡加油，盧森堡人可以選擇去更便宜的德國吃飯……。

那麼，申根和經濟又有什麼關係？關係可太大了！

最重要的是，《申根公約》帶來了勞動力的自由流動。這種流動是雙向的，一種是「人往高處走」的流動，即從經濟相對落後地區向經濟發達地區流動，類似中國人湧向「北上廣深」[15]。一種則反向而行，有點類似中國的「到西部去」[16]。

在《申根公約》出現之前，各國內部都有類似的流動，比如義大利南部民眾向北部的米蘭（Milano）、威尼斯（Venezia）和杜林（Torino）等發達地區流動，西班牙南部民眾向北部的巴斯克地區（Euskal Herria）和加泰隆尼亞（Catalunya）流動，民主德國地區民眾向聯邦德國地區（西德）流動等。有了申根區，這種流動越來越明顯，比如一些波蘭民眾自發的向德國流動，一些法國西南部民眾則向西班牙北部流動。

要注意的是，這種跨國流動往往不是簡單的「窮國向富國流動」，而是細分地區式的流動。比如從廣義來說，法國經濟強於西班牙，但法國西南部民眾前往西班牙經濟最強的北部（巴斯克地區和加泰隆尼亞）打工就很常見。又比如德國作為歐盟老大，肯定比捷克發達，但德國相對落後的東部地區，就有不少人選擇去捷克首都布拉格這種機會更多的城市工作。比如我在布拉格住過一家酒店，侍者都來自德

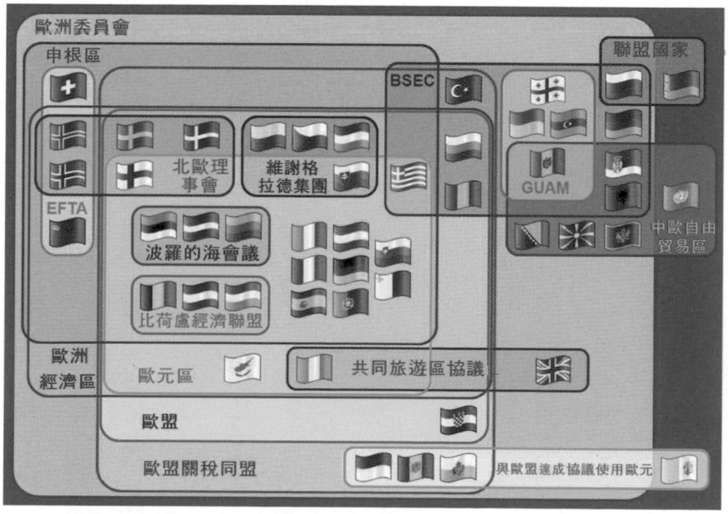

▲ 歐洲跨國組織和協定之間的關係[17]。

15 指北京、上海、廣州、深圳。
16 為了解決大學生就業難，中國政府鼓勵大學生西進，到農村去，到邊疆去。
17 北馬其頓二〇二〇年十一月已加入黑海經合組織。圖中EFTA，是指歐洲自由貿易聯盟；BSEC為黑海經濟合作組織；GUAM則是古阿姆民主和經濟發展組織。

國東部。換言之，《申根公約》給了民眾更多流動選擇。這種分流不但使得個人的選擇更多，也透過人員的廣泛流動，帶動了區域經濟的普遍發展。

《申根公約》也讓地域經濟特色變得更為突出，本文開頭提到的匈牙利肖普朗，除了是一座千年古城和當年「泛歐野餐」（Pan European Picnic）[18]事件發生地之外，還是歐洲著名的「牙科城」之一，街上隨處可見牙醫診所。之所以形成集群效應，是因為它地處奧、匈兩國邊境，匈牙利牙科實力強大，奧地利看牙醫價格貴，所以**許多奧地利人會專程開車來肖普朗「跨國看牙」**。**這樣一來，既方便了奧地利民眾，又推動了匈牙利經濟和牙科醫學的發展**。

類似的事情還有許多，比如購物。芬蘭首都赫爾辛基（Helsingin Jalkapalloklubi）的民眾，會選擇乘坐跨海渡輪前往波羅的海對岸的愛沙尼亞首都塔林（Tallinn）購物，在享受當地低物價的同時，週末過去休閒更是家常便飯。

《申根公約》也極大推動了旅遊業，申根區內民眾的便利自不必說，全世界旅行者都因此受益。原本複雜的跨國旅行，因為申根簽證變得簡單。可以說，申根區衍生的「無國界經濟」無處不在。

坐在莫瑟爾河的岸邊，望向小小的申根廣場，有紀念柱，還有兩塊柏林運來的柏林圍牆遺跡（見左頁圖）。將意味著隔絕的柏林圍牆放在申根廣場上，顯然意味深長。

▲盧森堡申根廣場的柏林圍牆遺跡（左上）、紀念柱（右上），以及莫瑟爾河上的申根紀念品商店（下）。

18 泛歐野餐是指一九八九年八月十九日，匈牙利、奧地利邊境，象徵性的開放三小時，當時約六百名東德人，跨越邊界逃向自由的西方世界；這事件象徵鐵幕崩潰的開始，促成三個月後，東西德間柏林圍牆倒塌，及冷戰結束。

比利時篇

11 布魯塞爾，歐洲的首都

那天下午，在布魯塞爾的五十週年紀念公園（Cinquantenaire Park）裡，我們像當地人一樣，躺在草地上晒太陽。不遠處是壯觀的凱旋門——當然，不是巴黎那個。歐洲許多城市都有凱旋門，這個是比利時布魯塞爾凱旋門。在大草地和凱旋門之間，是一池噴泉，水花在陽光下飛散，偶爾還會折射出一道道彩虹。噴泉旁坐著的人們，享受著這藍天白雲下的清涼，不時發出笑聲。

五十週年紀念公園也叫禧年公園，是比利時首都布魯塞爾的一座大型城市公園，占地三十公頃。顧名思義，它是為紀念比利時獨立五十週年而興建的，周邊還有皇家軍

▲比利時布魯塞爾凱旋門與噴泉。

隊與軍事史博物館（Musée royal de l'armée et de l'histoire militaire）、五十週年紀念博物館（Cinquantenaire Museum）、汽車世界（AutoWorld）和布魯塞爾大清真寺（Great Mosque of Brussels）等建築。

草地上有一群人圍成圓圈，縱聲歌唱，有人拿著吉他伴奏。當中有白人，也有黑人，這便是布魯塞爾隨處可見的景象，不同膚色的各種族群混雜，和諧共處。據載，布魯塞爾的人口中，四分之一為外來族群，國籍多達八十二個，因此布魯塞爾也得到「人類博物館」的稱號。

在布魯塞爾，隨處可見包容與和諧。從五十週年紀念公園經過凱旋門，大廣場上便是汽車世界等各類博物館。酷愛汽車的兒子當然想進去看看，只是此時已接近閉館時間。好在工作人員十分友善，讓我們進去，只是提醒盡量加快速度。

不知這是我們在布魯塞爾參觀的第幾個博物館了。在此之前，我們已經去過比利時漫畫藝術中心（Belgian Centre for Comic Strip Art）、比利時皇家美術博物館（Royal Museums of Fine Arts of Belgium）、布魯塞爾樂器博物館（Musee des Instruments de Musique）和馬格利特博物館（Magritte Museum）等。這座迷人的城市，不僅有完美的中世紀古城，也有眾多博物館，還是「歐洲首都」。

之所以說是歐洲首都，是因為**歐盟總部位於布魯塞爾**，歐盟的四個主要機構中，除了歐洲議會在法國史特拉斯堡（Strasbourg）之外，**歐洲理事會、歐盟委員會和部長理事會都設於布魯塞爾**。

另外，它不僅是北約總部，還是兩百多個國際行政中心，及上千個官方團體的日常會議舉辦城市。

西元九七九年，以塞納河（Seine）流域為封邑的查理公爵（Charles, Duke of Lower Lotharingia），選擇了塞納河中的聖熱里島（Saint Gaugericus Island）為定居點，在島上築起要塞和碼頭，城市初具規模。這個當時稱「Bruocsella」，有「沼澤之鄉」或「沼澤地中的家園」之意的城鎮，就是後來的布魯塞爾。

中世紀開始，布魯塞爾一直是各方力量爭奪之地，不同勢力不僅在此角力，也帶來了不同的文化與思維。同時，手工業的發展使布魯塞爾與布魯日、根特和安特衛普等城市一樣，具備了良好的經濟基礎。也正因此，布魯塞爾一向以包容開放富庶著稱，而且因為習慣於在各方勢力間尋找平衡，也因此具有了「**柔軟的獨立性**」。這甚至可以說**是布魯塞爾成為「歐洲首都」**的最大原因。

▲歐盟總部、歐洲理事會、歐盟委員會和歐盟理事會都設於布魯塞爾。

荷蘭篇

12 國家與國家吵架，就到海牙爭輸贏

站在荷蘭海牙和平宮（Vredespaleis，見下頁圖）大門前，我抬頭望向這座建築。這是一座典型的荷蘭式紅磚牆建築，高聳的塔樓外觀精美。一九〇七年，這座大樓開始興建，一九一三年落成。主要出資方是當年的美國鋼鐵大王安德魯·卡內基（Andrew Carnegie），意在協力締造和平。成立於一九四五年的海牙國際法院（Cour internationale de justice）就設於此大樓之中，**它不僅是聯合國六大主要機構之一，也是最主要的司法機關，更是主權國家政府間的民事司法裁判機構**。

很多人知道這座荷蘭的城市海牙，就是緣於海牙國際法院。當這個小時候在新聞裡聽說過無數次的地方真的出現在我眼前時，海牙這座城市突然顯得立體起來。

海牙是南荷蘭省省會，也是荷蘭第三大城市。儘管它並非荷蘭首都，卻是如假包換的政治中心。荷蘭中央政府設於此處，荷蘭女王也在海牙辦公。此外，荷蘭的各種政府機關和外國使館都設於海牙。

其實這個政治中心的地位，從十三世紀以來便已確立。一二四八年，神聖羅馬帝國皇儲威廉二世建立了一座城堡，以便舉行加冕典禮。結果在加冕前，他不幸在戰役中陣

▲ 荷蘭海牙和平宮是聯合國國際法庭、國際仲裁法院、國際法圖書館和國際法學院所在地。

亡，城堡也未完工，但這座城堡已完成的部分仍用於許多政治場合，比如赫赫有名的騎士廳。而以城堡為中心的地區，就是海牙的雛形。

不過，當時的海牙規模很小，而且並未馬上被賦予城市自治權，甚至連城牆都沒有。直到一五〇〇年，它才被批准修建城牆，但居民不願修城牆，反而決定集資修建市政廳。這體現了海牙的悠久自治傳統，不過這也讓海牙蒙難——因為沒有城牆，它迅速被西班牙軍隊侵占。

直到一八〇六年，海牙才真正得到城市自治權。儘管歷史不夠悠久，但在此之後，它發展迅速。尤其伴隨著荷蘭的現代化進程，它的地位越來越高。如今我們所看到的海牙老建築，多半落成於十九世紀至二十世紀初。當然，第二次世界大戰後的重建也使得海牙迅速擴張。

有意思的是，歐洲城市以「小」著稱，海牙卻難得得到了擴張。一九七〇、一九八〇年代，眾多海牙的白人中產階層出於生活品質考量，搬至周邊城鎮，帶動了周邊城鎮的繁榮，但海牙市區變得冷清了許多。為了避免中心城市的空心化和貧困化，政府嘗試將周邊郊區納入海牙。

在崇尚自治和自由的荷蘭，此舉引發了極大爭議。不過在一九九〇年代，荷蘭議會還是通過了海牙的擴張方案，迅速將周邊大量中產住宅區納入自身版圖。

這座城市的歷史，藏於城市內的一個個博物館中。如國會大廈（Binnenhof）旁的海牙歷史博物館（Historical museum），見證著海牙七百多年的歷史。

至於國會大廈，不但是海牙地標，也是荷蘭的政治中心和政府所在地，更是海牙最古老的建築（見左頁圖），是十三世紀時伯爵的住所。沒錯，它其實就是當年那座未完成城堡的原址，中央的騎士廳，就是荷蘭女王年度演說的固定場所。

此外，荷蘭國會開幕和國會內部會議等都會在此進行。國會大廈兩側則是見證荷蘭一個個歷史時刻的上議院和下議院。

這座城市並非只有政治，它也是荷蘭的藝術之都。收藏了八百多幅十五世紀至十八世紀畫作的莫瑞泰斯皇家美術館（Mauritshuis）是荷蘭必去之地，因為維梅爾的《戴珍珠耳環的少女》（*Girl with a Pearl Earring*）、林布蘭（Rembrandt van Rijn）的成名作《尼古拉斯．杜爾博士的解剖學課》（*De anatomische les van Dr. Nicolaes Tulp*）都收藏於此（見左頁圖）。

馬德羅丹小人國（Madurodam）是世界上最著名的微縮景觀之一。它微縮了荷蘭所有著名建築與古蹟，從阿姆斯特丹運河到水壩廣場（Dam Square），從阿爾克馬爾（Alkmaar，又稱阿克馬）起司市集到烏特勒支的老教堂、從贊丹風車到三角洲工程、從鹿特丹港到阿賈克斯主場……整個荷蘭就這樣呈現在大家面前。

之所以叫馬德羅丹，是因為出資建造這處景觀的是馬德羅丹夫婦。他們為了紀念在第二次世界大戰中犧牲的兒子，為荷蘭的孩子們建造了這個小人國。

在這裡，可以集中感受到荷蘭的不一樣。這個條件並不優越的國度，卻創造過一個個奇蹟。它不僅開明自由、崇尚契約、兼容並包，還有與海爭地的堅韌精神。

▲荷蘭國會大廈不但是海牙地標，也是荷蘭的政治中心和政府所在地，更是海牙最古老的建築。

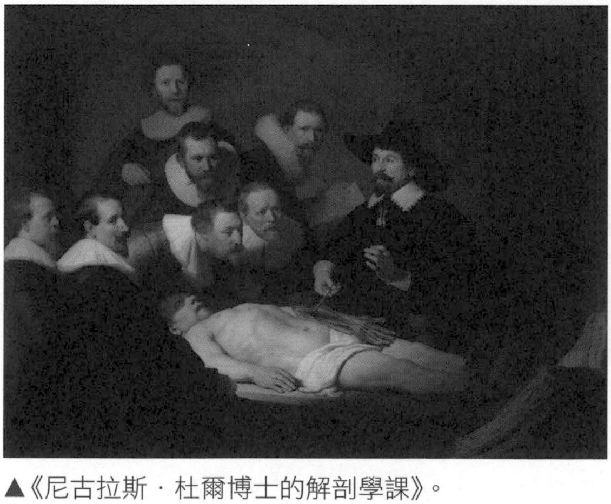

▲《尼古拉斯・杜爾博士的解剖學課》。

▲《戴珍珠耳環的少女》。

說到大海，它既是荷蘭人的大敵，也是荷蘭人的依靠。如果沒有大海，又何來海上馬車夫呢？

荷蘭人離不開大海，以商立國的他們，便將大海變成他們的奮鬥工具。在荷蘭，很少有一片海灘，會像海牙近郊的席凡寧根（Scheveningen）這樣完全休閒。中世紀以來，席凡寧根海岸就是著名的貴族社交地，至今仍是集度假、娛樂和購物於一體的休閒區。

中國人探訪這裡，多半是因為獵奇。當年李鴻章訪歐時曾下榻這裡的一家宏偉酒店，所以，現名為斯赫弗寧恩酒店（Grand Hotel Amrâth Kurhaus），又被人稱作李鴻章大飯店。

酒店宛若舊時宮殿，面朝大

▲斯赫弗寧恩酒店因李鴻章曾到訪而聞名於世，酒店也是席凡寧根海灘標誌性建築。

海，極具氣勢。試想當年的李鴻章是否曾漫步海邊，感受古老中國與荷蘭的巨大差距？

離開海牙的那個清晨，恰好又經過和平宮。我們選擇下車，在那尊小小的紀念碑前流連。這座名為「世界和平火焰」（The World Peace Flame）的紀念碑，其實是海牙最年輕的地標——二〇〇二年四月十八日，它才被放置於和平宮大門旁。

紀念碑前是小小的世界和平之路，由來自一百九十六個國家的一百九十六塊石塊組成。其中有一塊來自柏林圍牆，還有一塊來自監禁曼德拉（Nelson Mandela）的羅本島（Robben Island）。

這是人類的和平夢想，也是海牙的夢想。

▲世界和平火焰紀念碑。

荷蘭篇

13 歐盟為何只可能誕生於馬斯垂克？

在馬斯垂克，黃昏時分的弗萊特霍夫廣場（Vrijthof Square），斜陽照在路面上，融合多種風格的聖瑟法斯聖殿（Basilica Saint Servatius，見下圖）和古樸的聖約翰教堂（Sint Janskerk）靜靜並立於廣場一隅。說是黃昏，其實已是晚上九點，因為歐洲夏季的夜總是來得很遲。與聖瑟法斯聖殿隔廣場相望的那條街道，布滿餐廳與咖啡廳，與其他歐洲城市一樣，也是人流最為集中的地方。

坐在餐廳的露天座位上，一邊等待上菜一邊望向廣場，聖瑟法斯聖殿的紅色塔樓在灰色主體建築的襯托下格外搶眼。它

▲ 聖瑟法斯聖殿是馬斯垂克的著名教堂，建於聖瑟法斯墓上。

是荷蘭最古老的教堂，始建於西元六世紀。聖瑟法斯（Saint Servatius）則是荷蘭第一位大主教，西元三八四年葬於此處。

時不時有人穿越廣場，也有情侶坐在教堂前的臺階上私語。無論是因建築週期長而相容不同時代風格的教堂，還是廣場四周的建築，都迥異於一般的荷蘭城市。

馬斯垂克位於荷蘭東南部，是一座地理位置獨特的小城，它所在的林堡省（Limburg Provincie）是荷蘭版圖上的一塊狹長地帶，分別被比利時和德國所包圍。正因為遠離阿姆斯特丹、海牙和台夫特等城市所在的三角洲地區，馬斯垂克才成了一座非主流荷蘭城市。僅從城市面貌和建築風格來說，接近荷、比邊境的它更像比利時或是法國的城市。這樣也好，沉迷於建築之美的我，原本就喜歡比利時多於荷蘭。**馬斯垂克在我眼中更是荷蘭最有韻味的城市，難怪許多人稱其為「荷蘭最美城市」**。

這座始建於西元四世紀，一二〇四年被賦予城市自治權的古城，並不僅僅因歷史與文化而為人所知。它最為人矚目的是一九九二年，歐洲共同體各國在這裡簽署了《歐洲聯盟條約》，即《馬斯垂克條約》，這一條約標誌著歐盟的誕生。就像《申根公約》的簽署地位於盧森堡和法、德兩國邊境一樣，馬斯垂克也可算是三國交匯之地。而荷、比、盧三小國與法、德這兩個大國，正是歐洲一體化的最堅定推動者。

第二天早上，我站在默茲河畔（Meuse，也稱馬斯河），看著船隻來往。這條南北貫穿馬斯垂克的河流，將城市分為東西兩側。身為遊客，我的活動半徑基本就在老城所在的西側。

岸邊的階梯上，與我們為伍的居然是幾百隻鴿子。牠們一排排肅立，占據著七、八階臺階，同樣望向河岸。如果從側面望去，隊伍還相當整齊。牠們不怕人，與大多數歐洲城市的鴿子一樣，早已與人類和諧共處。不遠處的聖瑟法斯橋（Sint Servaasbrug），據說是荷蘭最古老的大橋。這座石拱橋之上，有人坐在橋欄上看風景，也不時有晨跑者經過。

我身後的老城依然安靜。一段老城牆述說著舊日滄桑，它與河岸之間的大片綠地，就是馬斯垂克的城市公園，早在一七〇六年就已成為當地居民的休閒去處。

八百年歷史的老城牆上方，早已蓋滿了房舍，它們多為白色外牆，山牆精緻。老城牆的斑駁和暗淡，恰恰與這一排白色房舍的精緻光鮮形成對比，成為老城中我最喜歡的角落。在歷史長河中，這段城牆曾被反覆爭奪，英國人、義大利人、西班牙人和法國人走馬燈式的入侵。

一八一五年，馬斯垂克正式成為荷蘭王國的一部分。一八三〇年爆發的比利時革命（Belgian Revolution）中，馬斯垂克駐軍堅持效忠荷蘭國王。也正因此，之後荷、比兩國劃定疆界時，距離比利時更近的馬斯垂克反而被劃歸荷蘭。

沿著那排白色房舍下的古城牆前行，拐個彎就可以看到高大古樸的古城門，也就是馬斯垂克的地標之一——地獄之門（Helpoort，見左頁圖）。之所以有此名字，是因為當年黑死病肆虐時，城門對面的一棟白色樓房就是收容病人的隔離室。由於當時的感染者多半無藥可救，因此即使城門與隔離室僅幾步之遙，卻似生死兩重天。古老的馬斯垂

▲誰說地獄無門？在荷蘭的馬斯垂克的老城牆邊上，就有「地獄之門」。

克，擁有荷蘭最古老的教堂和大橋，地獄之門也是最古老的碉堡式城門。那棟白色的隔離室，如今看來精緻美麗，一點也看不出曾經承載過那麼多苦痛。

作為一座非典型荷蘭城市，馬斯垂克沒有運河。城裡除了默茲河外，還有一條護城河。護城河與舊城牆、周邊的草地和森林融為一體，河中有許多野鴨，河岸遍布野花，使得老城中也多了幾分野趣。這一大片綠地是城市公園的一部分，處處都透著愜意。

城門內外，公園周邊，是一條條石板老街，遍布老建築。從上午到中午，每條街道都靜悄悄的，偶有行人經過，或是大門打開，才帶來幾分人氣。但寂靜不等於冷清，家家戶戶都以鮮花裝點窗臺，充滿情趣。途經一間小超市，進去買了兩瓶果汁。掏出歐元買單時，突然心有所感，這裡不正是歐元的誕生之地嗎？

一九九一年底，第四十六屆歐洲共同體首腦會議在馬斯垂克舉行，最終通過並草簽了《歐洲經濟與貨幣聯盟條約》和《政治聯盟條約》，統稱《歐洲聯盟條約》。一九九二年，歐洲共同體十二國外長和財政部部長簽署該條約，隨即歐盟誕生。條約規定，要在密切協調成員國經濟政策和實現歐洲內部統一市場的基礎上，形成共同的經濟政策，具體內容是統一貨幣，制定統一的貨幣兌換率，建立一個制定和執行歐洲共同體政策的歐洲中央銀行體系。從此，便有了歐元。

即使歐盟出現了各式各樣的問題，但歐洲一體化進程仍是人類百年來最偉大的嘗試之一。第二次世界大戰後痛定思痛的歐洲，試圖以歐洲一體化消弭戰爭創傷，迎來復興。不管結果如何，這一步步的嘗試都是難能可貴的。

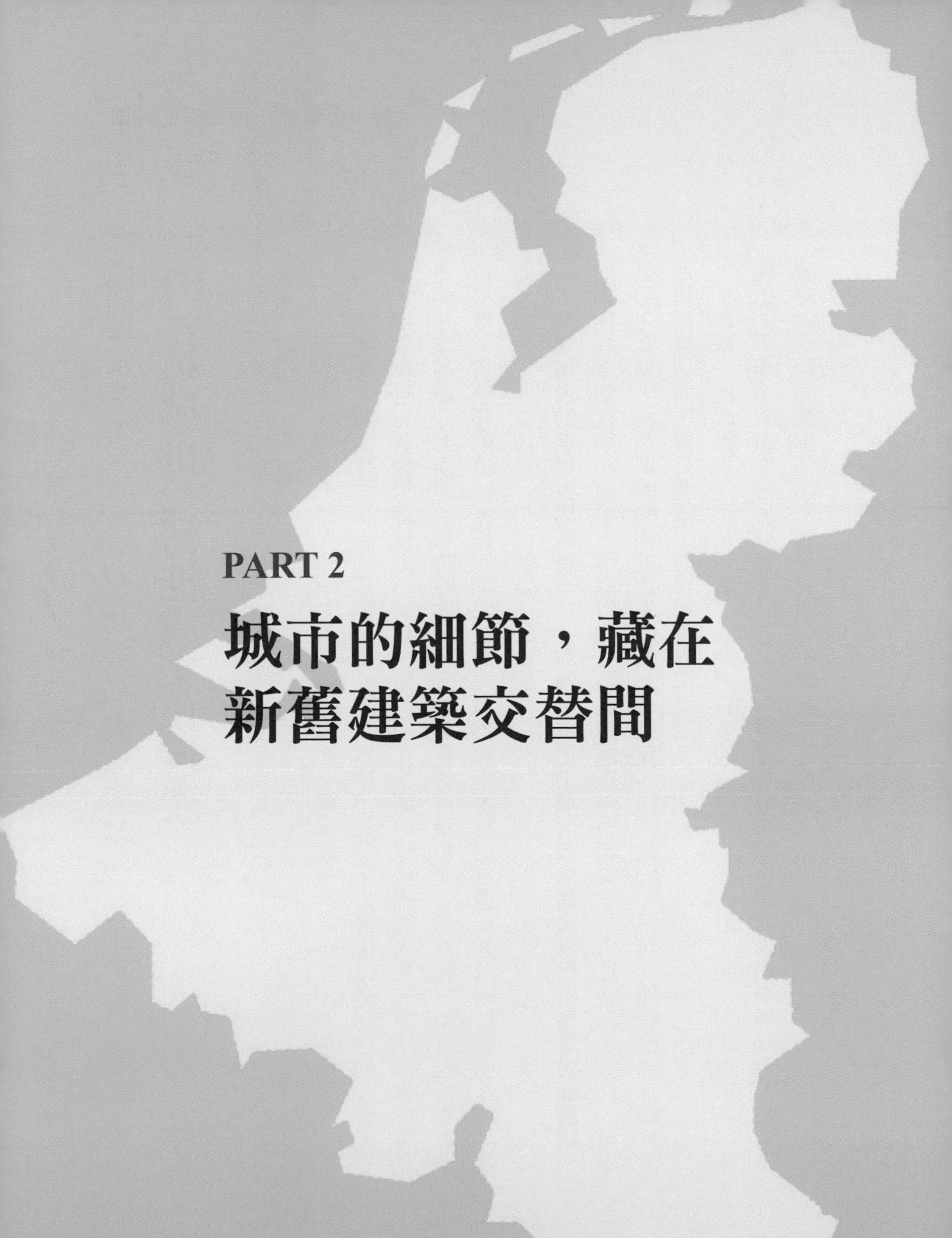

PART 2

城市的細節，藏在新舊建築交替間

荷蘭篇

01 把城市運河挖成文化遺產

在世界十大運河的排名中，並無荷蘭的蹤影，但要說運河之國，卻非荷蘭莫屬。無論是阿姆斯特丹、鹿特丹和烏特勒支這樣的大城市，還是哈倫和霍倫等歷史名城，或是埃丹和沃倫丹這樣的小城鎮，運河遍布全城。河道或寬或窄，一棟棟數百年歷史的房屋靜靜立於兩岸，彷彿時光靜止。若是在運河乘船遊，不管在荷蘭哪座城市都不會失望。若是喜歡遊船，甚至可以選擇跨市路線，因為這古老的運河網絡四通八達，延伸入海。

荷蘭境內的水域占比高達一八．四%，位居全球前列，僅次於巴哈馬等幾個島國。如果你對這個數字不敏感，可以對比一下其他國家：中國的水域占比是二．八%，日本是〇．八%，河道廣闊的印度也不過是九．五%，法國是〇．三%，德國是二．四%，西班牙是一%，與荷蘭國土面積相當的捷克是二%。

水域占比太低肯定不是好事，人類歷史上的文明多半是大河文明，即使是水域占比極低的古埃及，也全賴於尼羅河（Nile）的養育。但水域占比太高也不是好事，它意味著有效土地的減少，也意味著交通的不便。

但在荷蘭，這些問題都得到了解決。作為世界上人口密度最高的國家之一，荷蘭不僅充分利用了自身的土地，還是世界上農業最發達的國家之一。在交通方面，**荷蘭**也是最早步入現代化的國家之一，**人均高速公路擁有量排名世界前列**。

至於運河，當年曾是荷蘭經濟崛起、雄霸世界的關鍵。直到今天，它仍是荷蘭經濟貿易的重要管道之一，更是荷蘭最美的風景之一。最重要的是，它是荷蘭文明的最重要細節。**荷蘭悠久的城市自治傳統、開明的社會風氣，都與運河息息相關。**

在阿姆斯特丹，運河遊船幾乎是每個遊客的必選項目。運河兩岸景緻如畫，岸上的房屋極具風情，河邊則停滿了小船和五顏六色的「船屋」（見下頁圖）。同是在阿姆斯特丹，擁有船屋的難度甚至大於擁有一間普通房屋，船屋酒店更是搶手，必須提前預訂。目前，阿姆斯特丹仍有兩千五百多座船屋，有的甚至有一個多世紀的歷史。其中有木質結構的，也有混凝土結構的，政府規定木屋每三年都要刷一次漆。船屋不但保留原有功能，也普及了水電等現代設施。

在一九六〇年代，船屋曾被用作阿姆斯特丹這個人口密集城市的住宅需求解決方案之一。因此催生出一些有幾層樓，甚至還有花園的豪華船屋。船屋的位置都是固定的，位置會被記錄在政府頒發的特別許可證上，該許可證就相當於土地證。也正因此，船屋的價值和房子一樣，越是黃金地段，許可證就越值錢。而且，出於環保和安全考量，阿姆斯特丹政府已經停止發放，使得現有的船屋變得更具價值。

這個城市有多少條運河？足足有一百六十五條！它們的長度合計有一百公里，在整座城市裡構成了一張網絡。更有意思的是，阿姆斯特丹運河上的橋梁數量甚至遠超過威尼斯，別看在威尼斯步行，走幾步就上橋，但威尼斯的橋梁數量不過是四百零九座，而阿姆斯特丹則有一千兩百八十一座。二〇一〇年，阿姆斯特丹運河被聯合國教科文組織列入世界文化遺產名錄。

阿姆斯特丹的名字源於阿姆斯特爾河（Amstel）。十二世紀時，該城還是個漁村。隨著商業繁榮，城市漸漸崛起。十七世紀，荷蘭成為海上馬車夫，掌握海上霸權，阿姆斯特丹也順理成章的成為世界上最繁榮的城市之一。恰恰在

▲ 荷蘭阿姆斯特丹的運河與船屋。

那時，為了城市的運輸和防禦，阿姆斯特丹人開鑿了三條最主要的運河，即紳士運河（Herengracht）、王子運河（Prinsengracht）和皇帝運河（Keizersgracht），它們組成環繞城市的三個同心圓，即如今的運河帶。

更為可貴的是，作為十七世紀世界上最發達城市之一，阿姆斯特丹在設計三條運河時，竟然還遵循了現代城市的設計理念，充分考慮了住宅開發等問題。相較於另一個水城威尼斯，荷蘭人的理性以及對美學與科學的兼顧顯露無遺。

荷蘭的發展離不開河流，默茲河、萊茵河（Rhein）和斯海爾德河（Schelde）匯聚於此，造就了三角洲地帶，荷蘭的大城市多集中於此富庶地區。

豐富的水系當然利於發展，但眾所周知，荷蘭是低地之國，受海洋潮汐影響極大，一旦海水倒灌，淡水系統就會被破壞，對於這個人口極其稠密的地區來說絕對是毀滅性打擊。因此，荷蘭人只能選擇修建堤壩和圍海牆，外加修運河，以此保衛家園。

最著名的當然是三角洲工程，即先用密集堤壩把默茲河、萊茵河和斯海爾德河層層截斷，然後在三角洲上築起攔截海水和愛塞湖水（IJsselmeer）的長堤。

當然，運河也發揮了重要作用。荷蘭人透過運河系統和風車的抽水作用，反覆升降河水水位，再使之匯入大海，避免了潮汐運動帶來的威脅。

當時的運河，還承擔著交通運輸功能、防禦功能、灌溉功能。當然這些功能現在已用處不大。前一種功能雖有部分延續，但如今的運河已遠非主要運輸管道，後兩種功能則完全喪失。而今，娛樂功能反倒成為阿姆斯特丹，乃至荷蘭其他城市運河的最重要功能。一方面，運河是旅行者的最愛，另一方面，當地人也酷愛在運河邊休憩。

還有一個無心插柳的作用，那就是現代化城市的網絡鋪設。這些年來，運河的運輸作用大大降低，但荷蘭人乃至歐洲人卻發現，運河其實是鋪設電纜與電話線的好地方。傳統電纜鋪設都要挖開路面，埋好電纜再把路面填好。這種挖了再填埋，一來一去的做法，雖然能增加兩次GDP數字，但畢竟歐洲人不太在乎GDP數字。而且老城的石板路歷史悠久，可不能隨意破壞。更何況，這種辦法不但鋪設麻煩，維修也很麻煩。但用運河水道鋪設電纜和電話線既方便快捷，維修也輕鬆，還不用破壞基礎設施。

阿姆斯特丹運河並非荷蘭運河的範本，因為荷蘭人在運河這件事上花的心思遠比我們想像的更多。比如烏特勒支的古運河，就與阿姆斯特丹迥異。早在近九百年前，也就是一一二二年時，烏特勒支就獲得城市自治權，同時烏特勒支人開始興建大壩。當時的烏特勒支人很重視做生意，為了促進貿易，商人們計畫挖掘運河，開闢全新航線。至今，這條運河仍在使用，它已成為烏特勒支老運河的其中一段。

烏特勒支人的另一個創舉是在碼頭和河邊房屋間挖掘隧道，形成眾多碼頭地窖。這是出於運輸便利的考慮。最初，烏特勒支商人在搬運貨物時，要先將貨物從運河的船上吊到岸上，再搬進運河邊房屋的地窖內存放，十分費時費力。所以，他們設計並修建了從碼頭直通地窖的水平隧道，從而大大提高了效率。換言之，今日在烏特勒支老城漫步，你既可以在河岸上走，也可以在河岸下的隧道路上走。目前，碼頭地窖多半被利用作為餐廳、咖啡廳和藝術工作室。

▲荷蘭烏特勒支碼頭地窖，目前多半被利用作為餐廳、咖啡廳和藝術工作室。

荷蘭篇

02 哈倫，歐洲藝術的重鎮

哈倫這座宛若幾世紀前模樣的城市，可不是只有鬱金香。早在十六世紀，哈倫就以開放和包容著稱。當時為了城市發展，哈倫市議會已經允許多種教派共存，並尊重信仰自由。一五八五年，因為安特衛普被西班牙軍隊攻占，許多當地藝術家和手作藝人流亡到哈倫。幸運的是，市議會的訂單及時解決了他們的生計問題，也使得哈倫成為歐洲藝術重鎮。而一五八〇年到一六三〇年，也恰恰成了哈倫繪畫學派的頂峰。

在被不同時代建築圍繞的市集廣場上，市政廳是最特別的存在。它建於十四世紀，是荷蘭最古老的市政廳。當年，人們就是在這裡來來往往，創造哈倫的輝煌。旁邊的聖巴夫教堂（St.-Bavokerk）是哈倫的制高點。廣場上有一尊雕像，是在哈倫土生土長的勞倫斯・詹森・科斯特（Laurens Jansz Coster），曾在市政廳和聖巴夫教堂供職的他，發明過一款印刷機。

科斯特可不是哈倫唯一的發明家。一七七八年落成的泰勒博物館（Teylers Museum）中記錄著哈倫的輝煌歷史，這座博物館得名於哈倫一位熱衷自然和科學的銀行家泰勒（Pieter Teyler），是一座集科學、自然和藝術於一體的博物館。

難能可貴的是，在經濟實現飛躍後，荷蘭商人仍在歐洲思想啟蒙大潮下，尋求知識的普及和傳播。因此，他們建立了各種學術研究促進會，泰勒博物館就是這一時期的產物，館內可以看到許多荷蘭乃至歐洲科學家的發明。

不過對於哈倫人來說，他們更引以為豪的是弗蘭斯．哈爾斯（Frans Hals）。距離聖巴夫教堂僅幾百公尺的弗蘭斯．哈爾斯博物館，也被視為哈倫最值得探訪之地。雖然名為弗蘭斯．哈爾斯博物館，但哈爾斯並未獨享此地，館中也藏有哈倫眾多其他畫家的作品。

哈爾斯是流亡到哈倫的安特衛普人。這位以肖像畫著稱的繪畫大師，以捕捉稍縱即逝的表情見長，作品充滿那個時代難得一見的自然和歡樂。

最初，哈爾斯為哈倫市政廳修復藏畫，但後來因宗教問題，市政廳將大量藏畫售出，哈爾斯也失去了市政廳的僱用。結果，

▲《吉卜賽女郎》是哈爾斯的代表作，現藏於羅浮宮。

他開始嘗試創作肖像畫，竟然因此而成名。

雖然哈爾斯紅極一時，還有不少學徒跟隨，但晚景淒涼，甚至要賣掉被褥、枕頭清償欠麵包師的債務。幸得哈倫市政廳在他去世前兩年開始發放年金，他才得以熬過生命最後的時光。他辭世時已是八十五歲高齡，在當時是絕對的長壽者，但這晚景淒涼的長壽，是不是反倒更慘？

哈爾斯去世後，很快被人們所遺忘。此後兩個世紀，他的作品被廉價出售，甚至一幅只需幾先令。直至十九世紀中期，哈爾斯的作品才經評論家們的努力而重返收藏界。

說到畫，哈倫也曾「因畫入鏡」。當年韓國經典電影《雛菊》（*Daisy*，又譯名愛無間）就是在哈倫取景，全智賢拿著畫板為遊人畫像的那座廣場，便是哈倫的市集廣場。背景裡的古樸，宛若舊日時光。

荷蘭篇

03 舊建築新花樣，教堂變身書店、健身房

自從到荷蘭以後，我就發現，在荷蘭許多廢棄的教堂不是成了書店，就是成了學校，有的甚至還成了紀念品商店。可問題也出來了，為什麼在宗教盛行且經濟發達的荷蘭，會有那麼多廢棄教堂？

這就要說到荷蘭社會的世俗化進程問題。我們知道，自啟蒙運動開始，歐洲便開始了世俗化進程，在法國大革命等歷史時刻達到高潮，且至今仍未終結。歐洲各國的世俗化進程有所差異，但總體來說都與經濟有關。經濟停滯的南歐三國（義大利、西班牙和葡萄牙），教會的影響力仍然極大，新興國家如波蘭，同樣宗教基礎堅實。但在歐洲北部的已開發國家，宗教的影響力已遠不如前。

荷蘭就是典型例子，基督教徒數量漸漸萎縮，甚至影響了政治生態，曾為第一大政黨——基督教民主黨（Christian Democratic Appeal），就是在世俗化過程中不斷失去支持者，幾年前淪為在野黨的。更重要的是，教會在荷蘭不屬於公共法權機構，在稅收和教育方面沒有任何優惠政策。荷蘭沒有教會稅，教會的運作經費全部來自信眾的自願捐獻。信眾人數大幅減少，必然使許多地區的教會入不敷出，無法維持教堂的正常修繕與

管理工作。因此，每年都有大量教堂被迫關閉、拆毀、出租或出售。

相較之下，世俗化程度同樣極高的德國，情況就大為不同了。德國教會是公共法權機構，依法享有許多特權。作為對十九世紀國家沒收教會財產的補償，德國特別徵收了教會稅，用以維繫教會正常活動。

▲荷蘭許多廢棄教堂大多被改造挪作他用，圖為原多米尼加教堂（Dominicanenkerk）改造成書店的天堂書店。

有意思的是，德國的教會稅導致兩種情況：一類人為了免交教會稅而宣布退出教會，另一類人則是「名義教徒」，他們並不信仰基督教，留在教會就是為了繳納教會稅，而且理由五花八門，比如為了保護歷史建築。

法國的情況完全不同，法國大革命雖然引發了世俗化的一次高潮，但法國目前仍有七〇%以上人口信仰天主教。人口基數眾多，使得捐納者也多，因此即使沒有教會稅，教堂仍可維持使用。

荷蘭有許多廢棄教堂，而古建築又不容破壞，於是催生了不少相關的仲介公司，專門負責教堂和修道院的買賣。眾多大大小小的廢棄教堂，被改為博物館、餐廳、咖啡廳、倉庫、超市、溜冰場、健身房、幼兒園乃至住宅。

古建築改造中，最讓人詬病的改造方式就是對原貌的大肆破壞，但荷蘭廢棄教堂的改造顯然注意了這一點。就像後面（見第三百一十四頁）會提到的天堂書店[1]一樣，教堂內部沒有遭遇任何破壞，甚至所有設施都未真正接觸牆身。這些看似廢棄的教堂，完美的詮釋了歐洲精神。無論是傳統與現代融合的設計之美，還是寧靜的氛圍，都沒有違背教堂的初衷——為了離上帝更近。這才是最完美的古建築改造。

1 最一開始，這間書店叫做Selexyz Dominicanen Bookstore，不過後來被Polare收購，改名為Polare Maastricht。但Polare公司後來破產，於是這間書店決定開始自己經營，目前天堂書店英文名稱是Boekhandel Dominicanen，是間獨立書店。

荷蘭篇

04 在軟土上蓋摩天大樓，荷蘭人辦到了

摩天大樓概念自西方興起，漸漸成為現代化城市的基本必備。但在歐洲，摩天大樓數量並不多，大多數城市甚至不允許在老城建設高樓，以免破壞城市的整體風貌。不過，在現代建築林立的荷蘭鹿特丹，倒是沒有遷就老城的壓力，於是鹿特丹有著歐洲城市首屈一指的摩天大樓密度。

對於中國人來說，鹿特丹的摩天大樓高度沒什麼特別，隨便一座二線城市似乎都可「秒殺」它。但問題是，你知道在荷蘭建摩天大樓，難度有多大嗎？

荷蘭作為低地之國，大部分土地處於萊茵河、默茲河、斯海爾德河和埃姆斯河（Eems）之間的三角洲，土質特別鬆軟。所以荷蘭人早年蓋房子，全靠密集打樁來固定地基，連阿姆斯特丹王宮（Royal Palace Amsterdam）都不例外。如今技術進步，荷蘭人開始採用鋼筋混凝土柱子來進行調節。所以在摩天大樓的地下車庫裡，我們能看到許多可調節的柱子。

早在一八九八年，荷蘭人就在鹿特丹建造了第一座只有十一層、高度為四十五公尺的摩天大樓，該樓名為白宮（Witte Huis）。它的層數和高度，如今看來都很小兒科。

▲ 鹿特丹大廈是荷蘭最大的建築。三座連通的塔樓為涵蓋辦公、住宅、零售和休閒於一體的垂直城市。

但它在當時是荷蘭第一高的摩天大樓，也標誌著鹿特丹的商貿中心地位。

如今，荷蘭最高的商業大樓和住宅大樓都在鹿特丹，高度均接近一百六十公尺。

在鹿特丹的摩天大樓中，二〇〇九年落成、獲得眾多建築大獎的紅蘋果（The Red Apple）大樓最為知名。它分為兩部分，其中一座是一百二十四公尺高的細長高樓，一座是五十三公尺高的蘋果造型副樓，同樣集住宅、辦公、商店和餐飲於一體。

荷蘭皇家KPN電信（Royal KPN N.V.）總部大樓也非常知名，出自義大利建築大師倫佐·皮亞諾（Renzo Piano）的設計。這位注重建築藝術與技術相結合的大師，最重要的作品便是巴黎的龐畢度中心（Centre Georges-Pompidou）。

二〇一三年落成的鹿特丹大廈（De Rotterdam，見上頁圖）是鹿特丹摩天大樓中的新貴，它使用了鹿特丹的城市名，野心不可謂不大。當然它確實也獲得了大量建築獎。幾個細長矩形體疊加、彼此橫向錯位的它，採用了「垂直城市」的理念。鹿特丹大廈的建築設計師雷姆·庫哈斯（Rem Koolhaas）當然是業界大師級人物，他也是中國中央電視臺總部大樓的設計者。鹿特丹大廈作為荷蘭體積最大的混合功能建築，同樣涵蓋了辦公、住宅、零售和休閒等功能。

荷蘭篇

05 讓人視覺失調的鹿特丹方塊屋

說起鹿特丹最著名的建築，除摩天大樓外當數立體方塊屋（Kubuswoningen，見下頁圖）。即使你不知道它來自鹿特丹，但見過其照片的機率極高。

這座建築由建築師皮特・布洛姆（Piet Blom）於一九八四年設計並主持建造，由五十八座立方體的房子以反重力姿態組成。這些灰色屋頂、黃色牆壁的方形小屋呈四十五度角傾斜著連接。布洛姆的設計理念是城市中的烏托邦——每幢房子都代表一棵樹，房子連在一起代表樹林。每間房屋設計有不同朝向的窗戶，可以接受不同方向的採光。至於方形小屋下面的空隙，則見縫插針的成為餐廳、商店所在之處，形成了一個完整社區。

當年，鹿特丹市政府開發了這片公共住宅，將其中三十八間作為私人住宅發售，其他作為商用。前些年，荷蘭最著名的連鎖青年旅社 Stay Okay 入駐方塊屋，旅行者可以親身體驗，不過因為房源有限，通常需要提前幾個月預訂。

這裡曾因遊客太多而不堪其擾，後來，就有了專門的方塊屋博物館。其實所謂博物館，就是將其中一間開放，讓遊客可以走進去探訪其內部空間而已。

如果你能進入其中，便會發現這個小小的方塊裡，居然有三層構造。最底部那根支撐整個立方體的柱子，其實是雜物間。一樓是起居室和廚房，二樓有臥室、書房和廁所，三樓則是閣樓，採光最佳，可以做休息區。另外，室內每面牆壁都是傾斜的，尤其是三樓，三面天窗形成尖角，構成不同視野。

方塊屋最大的意義並不在於奇特的造型構思，而在於它所營造的社區理念。即使是三十多年後的今天，這種理念仍不過時。

方塊屋所在的布拉克廣場（Blaak）區域，也是鹿特丹創意建築最集中之地。就在方塊屋附近，便有一棟六角形的房子，像一支大鉛筆，十分別致。

在「鉛筆屋」（Het Potlood）旁邊的建築則是鹿特丹中央圖書館（Bibliotheek Rotterdam），外露的彩色管道，很容易讓人想起巴黎的龐畢度中心。同樣在這附近的，還有近年來新建的鹿特丹奇妙建築之翹楚——Markthal 大型拱廊市場（參見第一百四十頁）。

▲ 方塊屋導覽影片。

▲ 鹿特丹的方塊屋。

荷蘭篇

06 現代建築與古樸老鎮也能百搭

如果你搭乘火車來到鹿特丹，那麼第一站一定會是火車站。其實很多歐洲火車站都已成景點，比如比利時安特衛普中央火車站（Station Antwerpen-Centraal）、葡萄牙聖本篤車站（São Bento Station）等。不過這些火車站都以古樸、精緻、華美著稱，有些更成為老城的一部分，鹿特丹中央火車站（見下圖）則是完全現代化的創意建築。

這個荷蘭最重要的交通樞紐之一，正面造型採用鈍角立體結構，有點像鯊魚嘴，十分張揚霸氣。但霸氣外形之下，仍以人為本。如車站內部充分採用

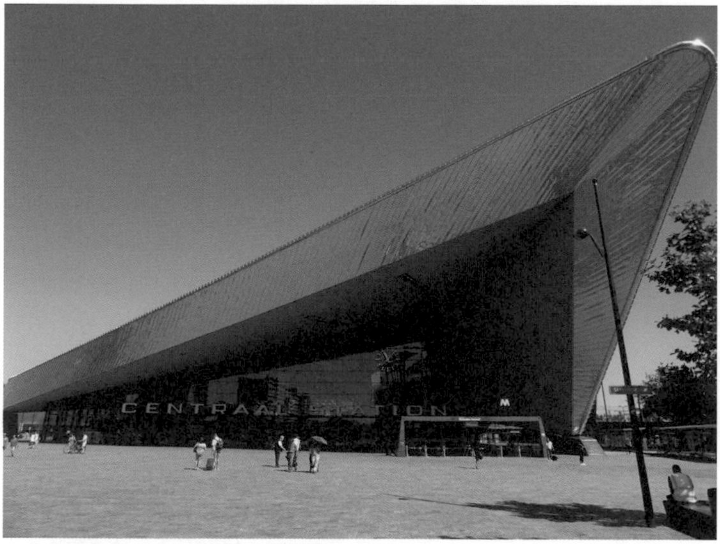

▲ 鯊魚鰭造型的鹿特丹中央火車站。

自然光，既環保又溫暖。

一九九六年落成的伊拉斯謨橋（Erasmusbrug）也很有個性，因為其橋身雪白修長，造型如天鵝頸項，所以又被人稱為「天鵝橋」。建成之初，它不僅是世界上最長的斜拉索橋，也是荷蘭最高的橋。

就連動物園，鹿特丹人都沒忘記在建築上玩花樣。鹿特丹動物園（Rotterdam zoo）的長頸鹿圍欄是荷蘭第一座為動物設計的永續建築，小屋使用可回收或可再生的無毒材料，幾乎不用維護。它每年還可以收集大量雨水，用於灌溉小屋周邊的植物，冬天則以木屑燃燒的方式導熱給金屬牆身，以便長頸鹿取暖。

比利時篇

07 比利時迪南城堡，薩克斯風的故鄉

前往比利時迪南的路上，我一直在反覆念叨一件事：等一下在市區停好車後，一定要坐纜車上山頂。因為在山頂能夠拍到這座城市最美的風景。

可能導航被我的意念所控制，在入城的一個岔路口，它執意要我走上一個上坡的岔道而非主路。然後東折西繞，我發現自己居然直接開車上了山頂，而不是按原計畫前往市區。於是，這座誕生了薩克斯風的比利時小城，就這樣第一時間以最美姿態呈現在我面前：小小的古城沿河而建，四周被青山綠水所環繞。

迪南城堡（Dinant Citadel）坐落於山頂，入口處有一棟房舍，如今被改造為一間小酒店。要不是我沒有在迪南夜宿的計畫，選擇這裡倒也不錯，畢竟看夜景十分方便。

這座城堡始建於十一世紀，最早是一座軍事堡壘。中世紀時，迪南屬於列日大主教轄區。當時的列日大主教，轄區涵蓋了如今的比利時列日省（Liège）、荷蘭馬斯垂克和德國亞琛（Aachen）等地區，迪南是當時轄區內第二大城市。

在城堡周邊的石階上，迎著山谷吹來的大風舉目眺望，可以看到老城建築緊湊，河對岸山坡上散落著一些大型建築，它們或是修道院，或是舊時貴族宅邸。這條河名叫默

茲河，是當年的水路要道，而迪南正是默茲河谷的門戶。

迪南還是黃銅產地，因而成為當時的銅器加工中心，手工業極其繁榮。各種銅器經由河道，源源不斷的運往其他城市。

一七〇三年，迪南被法軍攻陷，城堡被毀。如今我們看到的迪南城堡，其實是荷蘭王國時期的荷蘭人所建，大致完成於一八二一年。

有意思的是，這座軍事要塞如今屬於私人財產，為一個比利時貴族家庭所擁有，正應了那句「有錢人的生活你想像不到」。城堡保留著舊時的軍械庫、監獄，中庭天井有大炮和斷頭臺，雖無甚特別，但也值得探險一番。另外，曾在第一次世界大戰中飽受摧殘的迪南，還在這裡設置了第一次世界大戰紀念館，以讓歷史重現。

不過，只有乘坐纜車或者步行四百多級石階下到老城，再抬頭望向城堡，才能明白迪南的昔日榮光。城堡幾乎與百米高的峭壁融為一體，當年虎踞一方，扼守著默茲河。

如今，城堡已無作用，迪南這座寧靜小城，更多是因薩克斯風而被人談起。

坐纜車下山，馬路對面就是薩克斯風橋。其實薩克斯風橋這個名字，是典型的遊客叫法，只因橋兩側有著十二座圖案各異、花花綠綠的薩克斯風雕塑，彰顯著迪南「薩克斯風發源地」的身分。這些雕塑其實分別代表著十二個國家，旁邊豎立著該國國旗。

如果從老城這邊走到橋的另一頭，就會發現一座小小的軍人雕像。起初我以為是當地出身的知名軍人，走近看介紹才知道是一位大人物——法國前總統戴高樂（Charles de Gaulle），而此橋也正是以他命名——戴高樂橋（charles de gaulle bridge）。

▲戴高樂橋兩側有著 12 座圖案各異、花花綠綠的薩克斯風雕塑，分別代表著 12 個國家。

這裡的故事依然與第一次世界大戰有關。當時，迪南幾乎被德軍夷平，年輕的戴高樂身為法軍一分子，曾在此與德軍激戰，並在橋上負傷。

不過，這小小的銅像還不如一個薩克斯風雕塑大，黃銅色澤稍顯灰暗，遠遠比不上薩克斯風雕塑的花花綠綠那般搶眼。而且，它「躲」在橋的另一頭，大多數人則只在對面的老城晃悠。所以，薩克斯風橋的名頭可比戴高樂橋響亮多了。

不過，站在戴高樂雕像旁邊回望老城，風光盡收眼底，這倒是除了居高臨下的城堡之外第二個極佳的拍照之地。在河對岸，峭壁上的城堡與峭壁前的聖母大教堂是迪南的兩大地標建築。毫無疑問，教堂也是老城的天際線，與周圍那些古樸雅致的老房子一起，描繪出一幅帶有濃濃中世紀意味的畫卷。

這座教堂的修建時間大約是在十一世紀左右，最初是羅馬式風格，如今是哥德式風格。它不但是城市的天際線，還是主街的起點。

迪南的城市格局非常簡單，一條主街貫穿整座城市。這條熱鬧的街道，便是薩克斯風大街。在迪南，薩克斯風的元素無處不在。在薩克斯風大街上，地上刻有薩克斯風演奏家的名字，每隔幾十公尺更有不同種類薩克斯風的模型和介紹標識。這個讓許多爵士迷熱愛的樂器是小城的象徵。

一八一四年，阿道夫．薩克斯（Adolphe Sax）出生於迪南一個知名樂器製造商家庭。一八四六年，三十二歲的他發明了一種將低音單簧管的吹嘴和奧菲克萊德號（ophicleide）的管身結合在一起後改進而成的樂器，隨後他以自己的名字命名並申請專利，薩克斯風就此誕生，它被視作當時世界上造型最獨特、音色最美妙的樂器。

阿道夫・薩克斯出生時的房子也在這條街道上。門口有一張長椅，一尊懷抱薩克斯風的阿道夫・薩克斯雕像坐在上面，人們可以與之坐在一起合照。如今房子已被改造為小小的博物館，方寸之地裡，有一些圖片、文字和影像資料，記錄著薩克斯風的發明過程。牆上有一句話——很難想像一個沒有爵士樂的世界，更難想像的是沒有薩克斯風的爵士樂。我想，很多人會認同這句話。

離開迪南之前，我一心想試試當地特產的一種硬餅乾。這種餅乾由小麥粉和蜂蜜製成，大多數時候不是用來吃，而是用作裝飾的。它誕生於十五世紀，當時因戰爭圍城，市民以這種餅乾充飢。

在一間雅致的餅屋裡，我見到了這種餅乾，它們形狀各異，有卡通形象、花朵、馬車和魚等。雖然好看，但店家建議我們不要吃，因為有很大機率會咬不動。我還驚喜的遇見了小時候最愛吃的哈斗[2]，忙不迭地叫上幾樣，來一場「吃軟不吃硬」。

這座在歷史上因黃銅和軍事要塞而聞名的硬朗城市，似乎因薩克斯風的誕生而變得柔軟起來。直至今天，世界仍在傾聽它的聲音——每年，它都會舉辦最權威的薩克斯風國際性大賽。

2　哈斗具體名稱怎麼來的已經不可考證，它大約是一種空心酥皮麵包，上面有一層淋面巧克力醬，中間劃開擠入鮮奶油或者灌奶油，類似長形的閃電泡芙。

▲站在山頂俯瞰薩克斯老城。

比利時、荷蘭篇

08 一城有兩國，滿街都是國界線

「咦，爸爸你看，這個餐廳的左邊是比利時，右邊是荷蘭！」伴隨著這樣的叫聲，我們一家人在滿地白線間跳來跳去，樂此不疲。所幸的是，路人們都沒把我們當瘋子，而是以一臉司空見慣的表情向我們微笑致意。也許，他們一年會遇上不少像我們這樣的獵奇遊客吧。

荷蘭的巴勒納紹（Baarle-Nassau），總面積僅僅七十六平方公里的小城鎮，人口不過六千七百人，卻是世界上最神奇的城鎮之一。

嚴格來說，巴勒納紹僅是荷蘭的部分，還有一部分屬於比利時，名叫巴勒海托赫（Baarle-Hertog）。前者面積是後者的十倍。

最神奇的是，在這個小城中，國界線可不是只有一條，而是無處不在。荷蘭與比利時的領土完全是「你中有我，我中有你」的形態，巴勒海托赫有二十多塊飛地（按：指國家境內有一塊屬於另一國家的土地）被巴勒納紹所包圍，同時巴勒納紹又有七塊飛地被巴勒海托赫所包圍。所以，走在巴勒納紹的街道上，隨處可見腳下的白色國界線，左右都有字母標記，B代表比利時，NL代表荷蘭。甚至於連一些房子也被兩國瓜分，一邊屬於荷蘭、一邊屬於比利時。

這個神奇小鎮背後有著複雜的歷史，而歐洲一體化使一場曠日持久的領土之爭變得無比有趣。

資料記載，巴勒納紹最初屬於布拉邦公國（Hertogdom Brabant）。這個出現於十三世紀的公國囊括了如今荷蘭北布拉邦省（Noord-Brabant）、比利時安特衛普、佛拉蒙布拉邦省（Vlaams-Brabant）、瓦隆布拉邦省（Brabant wallon）和布魯塞爾等地區。直到一四三〇年，布拉邦公國絕嗣，被勃艮第公國（Bourgogne）吞併，再後來巴勒納紹被哈布斯堡王朝[3]掌控。在這幾百年間，飛地問題隨著主權的變更變得越來越嚴重。

其實之所以產生飛地，原因非常多。中世紀的長期土地爭議，各種條約，還有當時布拉邦公爵與布雷達一帶地主之間的土地轉售，都是重要原因。比如有一段時間，布拉邦公國占有了全部農業用地，其他用地則被售予布雷達地區的地主們。

從十七世紀開始，巴勒納紹一帶的歸屬問題就成了一團亂麻，史料的記載是這樣的：一六四八年，《明斯特和約》（*Vrede van Münster*）簽訂，西班牙與荷蘭之間的戰爭結束。但這一地區的歸屬仍然複雜：一部分歸屬北荷蘭，即巴勒納紹；一部分歸屬南荷蘭（今比利時），即巴勒海托赫。

一七八五年，這裡曾有望統一，即將巴勒海托赫劃歸荷蘭，但因當地民眾抗議而告吹。一八三〇年，荷蘭改革行政區劃，巴勒納紹本想統一境內飛地，結果又遇上比利時爆發起義，計畫只能擱置。次年比利時獨立，統一的計畫又成了泡影。

不過比利時宣布獨立時，它與荷蘭的國界劃分混亂無比，也因此紛爭不斷。為解決此問題，一八四三年，荷蘭與比利時簽訂《馬斯垂克條約》，解決領土紛爭。因為荷蘭不願割讓領土置換飛地，巴勒納紹的事情仍未解決。

直到一九九六年，荷蘭和比利時推行自治市結合行動時，才又希望巴勒納紹和巴勒海托赫能借此機會合併，但公投結果再次否定了兩國政府的願望。結果，巴勒納紹和巴勒海托赫就成了各自國家裡最小的自治市。因此，每個到訪巴勒納紹的遊客，都免不了變成低頭族，一路追隨那無處不在的邊境線。當然，參考門牌號碼也可以，荷蘭建築和比利時建築的門牌號碼字體有別，門牌上還會附上該國國旗（見下頁圖）。許多住宅還會在自家窗臺或屋頂懸掛國旗，宣布自家的歸屬。

可別以為這一切是為了旅遊業，因為不標記清楚，當地人自己應該也會糊里糊塗。如果摒棄遊客的看熱鬧心理，暫時忘掉在國界線上跳來跳去的有趣遊戲，設身處地將自己代入這座小城，你就會發現：如果一切都以我們熟知的常理（比如國別界限）來嚴肅對待的話，在這裡生活絕對是一件非常艱難的事情。

假設你是一個生活在這座小城裡的荷蘭男孩，愛上了對街的一個比利時女孩，想寄一封情書給她。而比利時與荷蘭兩國互不相讓，堅持在這座小城裡走國際慣例的郵政程

3 也稱哈普斯堡家族（Haus Habsburg），或稱奧地利王朝。

序。那麼，你就得先把信投遞到本地的荷蘭郵局，荷蘭郵局又會將信送到荷蘭的國際郵件分配處，再以國際信件的方式送往比利時國際郵件分配處，再寄到那個女孩家裡。郵資其實是小事，但路上耽擱了幾天，可能已經有另一個男孩捷足先登了。你的愛情，很可能被一條馬路之隔的國界線所毀掉。

當然，荷蘭人和比利時人最終解決了這個問題，這兩個自治市實現了郵政互通。有意思的是，如果巴勒海托赫人想寄信到自己的首都布魯塞爾，還得經過荷蘭。

假設妳是一個荷蘭主婦，今晚烹煮了大餐，正想叫家人吃飯，轉頭一看，自家小孩又跑到鄰街的比利時同學家去玩了。妳拿起電話，想把他叫回家，可是一撥號，就發現自己打了個國際長途。好在荷蘭、比利時都是高福利的已開發國家，不在乎這點電話費，不然很可能一到晚上，滿街都是媽媽扯著嗓子大叫：「XXX，回家吃飯了！」

荷蘭人和比利時人解決了這個問題，他們的通信網路也是互通的。

假設比利時與荷蘭各自使用本國貨幣，那你在這座小城裡吃頓飯、喝杯咖啡或者去

▲從門牌上的國旗（紅、白、藍為荷蘭國旗顏色），可分辨是歸屬於哪一國。

酒吧喝杯酒，也許都會有麻煩。比如你在酒吧裡喝了杯啤酒，要買單時，你是把服務生叫過來，還是自己走去吧檯把錢丟下就走？叫服務生過來，他可能就從荷蘭到了比利時；你自己走過去，可能就從比利時走去了荷蘭。先不說出入境問題，關鍵是，不管是他過來還是你過去，這杯酒是用比利時的貨幣買單，還是用荷蘭的貨幣買單？這個問題當然很容易解決，因為荷蘭和比利時都是歐洲一體化的急先鋒，《申根公約》、歐洲共同體乃至歐盟的創始國，還是首批加入歐元區的國家。沒錯，問題就這麼迎刃而解了。

按照許多傳統中國人看重「衙門」，「官府在哪裡，主權就在哪裡」的思維，巴勒納紹的市政廳絕對是個大麻煩。你要知道，老外的土地都是私有產權，在這個巴掌大的地方，你想找塊空地搞個拆遷，蓋一座政府大樓可不容易，只能蓋一座小小的市政廳。尤其是地方狹小的巴勒海托赫，比利時人怎麼選址也無法迴避將市政廳建到國界線上去。所以，比利時人要想有個衙門，必須找荷蘭人協商。

可是這個被國界線一分為二的市政廳建好了，又會遇到使用上的問題。比如那個被國界線一分為二的會議室，坐在右邊這排的人還在比利時本國，坐在左邊的就已身在荷蘭，變成了跨國會議。萬一荷蘭人來搶會議室怎麼辦？當然，這個問題也得到了解決。荷蘭人最終允許比利時人在自己境內修建並使用市政廳。

開車也是麻煩，在小城裡開一圈，走沒幾公里，出入境次數就已經數不清。停車又要怎麼辦？你明明看到一個空車位，但你是比利時的車，車位是荷蘭地頭，你停不停？就算你停，比利時今天停車免費，荷蘭還得收費，在停車費和車位之間，你選哪個？

最麻煩的是基礎建設。因為「你中有我，我中有你」的飛地太多，修路、修地下管道都無法迴避國界線問題。比如鋪路，荷蘭人鋪了十幾公尺就鋪到了比利時人的地頭，你要不要繼續鋪下去？想繞道，這座小城也沒地方讓你繞道。地下管道更是錯綜複雜，荷蘭人的地頭下面，很可能埋著一堆比利時人的管道，你要不要讓他鋪？再來就是路燈之類的公共資源，一條街被荷蘭和比利時截成了七、八段，荷蘭人是不是只在自己的幾段建路燈？再說，比利時人站在自己的國界線上，也能享受荷蘭路燈的燈光，荷蘭人要不要計較？

▲跨國停車位，荷蘭、比利時你選哪邊停？

一城兩國的生存之道

所有的問題都無法用爭吵乃至動武之類的方式解決，唯有坐下來協商。而協商，恰恰是荷蘭人和比利時人的特長。沒錯，以商立國的荷蘭人，還有與荷蘭一直「難捨難分」的比利時人，幾百年前就是談判的好手。

協商有多重要？巴勒納紹近幾十年的發展告訴了你。為了取經，甚至連以色列前總理納坦雅胡（Benjamin Netanyahu）都曾專程拜訪此地，來學習不同族群如何在協商中共存。

建築跨國界線？那好，從外牆到內部，都畫上國界線。所以，據說連巴勒納紹旅館的房間裡都能見到國界線，睡覺時在荷蘭，早上起來後去比利時洗臉、刷牙、上廁所。那麼，如何判斷建築的歸屬？也好辦，一棟樓弄兩個門牌號碼、兩個地址就行。

基礎建設難辦？那就坐下來好好分工。資料顯示，巴勒納紹城中心的電力由比利時供應，市郊則由荷蘭負責，有線電視同樣如此。荷蘭人口更多，地域更廣，包了全城的燃氣和水。通信、治安由兩國共同負責，垃圾車各出一輛……。

當地民眾都擁有荷蘭和比利時兩國的護照。何況根據《申根公約》，他們在這片土地上漫步、開車乃至工作，都已無國界限制。融合也帶來了更多自由，比如商店營業時間會遵循規定更寬鬆的一方，因此這裡往往能在其他地區商店多半不開門的週日，吸引周邊城市民眾前來購物。

哪怕是昔日鑽漏洞的行為，在如今的巴勒納紹也以一種有趣的方式呈現。

早年的巴勒納紹，罕有居民不鑽漏洞。最臭名昭著的當數一家被國界線一分為二的銀行，只要有一國的稅務人員來查帳，銀行人員就會將帳本移到另一國。也有一些商店為了避稅，選擇站在稅收較低的一邊賣東西。

民宅同樣如此，在巴勒納紹街上行走，你會發現許多民宅不只一個門。你會說這有什麼奇怪，別墅必然有前門也有後門。可巴勒納紹的民宅，除了前後門，還有側門，甚至還有雙前門的奇怪配置。說到底都是歷史遺留問題。因為一直以來，比利時的規劃法比荷蘭寬鬆得多，荷蘭人想改建房子，往往無法得到荷蘭市政廳的許可。按照當地規定，住宅正門開在哪裡，戶主就去哪國辦理房屋事宜，所以，許多人會在比利時一側再開一個正門，然後去比利時辦理改建審批。

在當時，這些鑽漏洞的行為當然會給兩國的市政廳帶來困擾。但現在回頭看，只會感覺有趣。時至今日，由於比利時和荷蘭政府的一次次協商，兩個自治市已可以完美共存，昔日各種障礙早已不存，鑽漏洞反而成了一種無傷大雅的樂子。

當我們在一家咖啡館坐下來休息時，服務生為我們端上飲品，見我們饒有興致的打量地上的國界線，就開始了他的表演：只見他先看看手錶，然後擺出一臉驚嚇狀，立刻將旁邊的空桌子和空椅子從荷蘭這邊推到了比利時那邊，然後再看看手錶，擺出一臉輕鬆狀。他想告訴我們的是：荷蘭和比利時規定的餐飲業營業時間不同，前者更早，所以時間一到，餐館就會將桌椅推到比利時一側繼續營業。

其實對於餐飲業來說，移動桌椅可不僅是為了延長營業時間，還為了稅率——荷蘭和比利時的商業稅率有所不同，所以餐館常常移動桌椅，選擇對自己更有利的稅率。

在漫長的人類歷史中，領土爭端往往意味著你死我活，無數戰爭因此而起。第二次世界大戰後，曾是世界中心的西歐痛定思痛，開始尋求另一種生存模式。這個模式說起來很簡單，就是不管有什麼事，坐下來好好談。正是這個過程推動了歐洲一體化，歐盟、歐元和申根區都成為現實。儘管有所反覆，但歐洲一體化終究是人類的偉大嘗試。

離開巴勒納紹時，我們經過了聖母永助教堂。這座建於一八七七年的新哥德式教堂，是小城的制高點。與其他城市的教堂一樣，它的院落裡還有一片墓地，是當地人的安息之所。這些墓碑之下，有荷蘭人，也有比利時人。在這座寧靜小城裡，他們已不分彼此。

▲由於商業稅率有所不同，餐館會移動桌椅，選擇對自己更有利的稅率。

比利時篇

09 布魯塞爾第一公民——尿尿小童

比利時的布魯塞爾老城裡，人最多的地方當數布魯塞爾大廣場（Grand Place）。這個長方形的廣場，以塔樓高達九十六公尺的市政廳為核心，四周遍布哥德式建築。以廣場為中心，一條條道路向四周發散出去，遍布咖啡廳、餐廳和商店，十分熱鬧，而其中就有歐洲最古老的商業街聖於貝爾長廊[4]。

雨果曾說這是「世界上最美麗的廣場」。圍繞廣場的那些哥德式建築，當年多屬於各個行會組織。至今，仍可在建築大門的雕塑上分辨它們舊時所屬的行會。

這裡曾擁有布魯塞爾第一個貿易集市，而且早期圍繞廣場的都是木製建築。十三世紀，出現了一批室內市場。十五世紀，在勃艮第公爵（duc de Bourgogne）治理下，不僅廣場地面得以鋪砌，還興建了新的行會大樓和市政廳。

一六九五年，廣場在戰爭中幾乎被毀，但經過五年重建，廣場不但修復，還更具魅力，集合了不同時代的建築精華。在這個地磚都有歲月痕跡的廣場上，你可以看到比利時隨性的一面——不少人會在廣場中央席地而坐，休息或者吃東西。

經廣場四散的人流，不少是去尋找「尿尿小童」于連[5]的（見第一百二十頁圖），也有不少是剛剛從于連那裡回來的。網路上曾有人評論好幾個坑人景點，尿尿小童與哥本哈根（Copenhagen）美人魚都名列其中。之所以說坑人，是因為它們其實都很小。不過我倒是覺得，這是部分中國人「以大為美」的觀念所致，在他們的意識裡，凡是地標都應該很大，但無論是布魯塞爾的尿尿小童，還是哥本哈根美人魚，都從未標榜過大，所以談不上坑人。

尿尿小童于連的確很小，但仍是「布魯塞爾第一公民」。這個僅有半公尺高、光著身體撒尿的小男孩，已有四百多年的歷史。一六一九年，比利時雕刻家老傑羅姆．杜奎斯諾瓦（Hiëronymus Duquesnoy de Oudere）親手打造了它。

在小于連銅像出現之前，這裡就有一座「小愛神尿尿」的石雕噴泉。一四五二年，尿尿小童的故事開始流傳，此後五百多年間，布魯塞爾歷經滄桑，可尿尿小童的故事始終流傳。一六一九年後，銅像也幾經磨難，一七四七年曾被法軍拆掉封存，一八七一年更是被一名法國流浪漢砸碎，最後這名流浪漢被判處終身勞役，之後，人們又尋回碎銅片重新鍛造。一九六五年的一天，天剛亮，人們驚訝的發現基座上只剩下小于連的雙

4　Galeries Royales Saint-Hubert，又譯聖休伯特拱廊街。

5　故事源於有一位叫于連（Manneken Pis）的男童半夜起來尿尿，看到鄰居的房子外有一條燃燒中的引信（一說是遇到法軍正要以火藥炸城），小孩找不到水源撲滅，靈機一動用撒尿的方式，把引信熄滅，解救受困的人，為了感念這個小童而在原地做個石雕像永遠保留，供後人憑弔。

腳，身體已然不見。直到第二年，人們才在布魯塞爾的運河中找到銅像的身體，再度將之修復。

是的，小于連承載了布魯塞爾人的情懷。這個彰顯勇敢與機智的故事，還帶著一種漫畫式的寫意。果然，這就是誕生了丁丁和藍色小精靈的城市，連傳說都如此漫畫化。大廣場的古典之美，小于連的天真之美，並非布魯塞爾的全部。在歐盟總部，那棟現代建築所具有的大氣之美，便是布魯塞爾的另一面。

布魯塞爾被稱為「歐洲首都」，並不僅僅是城市氣質使然。從地緣上來說，當年歐盟三大強國——法國、德國和現在已經退出歐盟的英國，從各自的首都前往布魯塞爾的距離都不遠，這裡十分便於他們緊急溝通。另外，第二次世界大戰後，比利時與近鄰荷蘭、盧森堡一道成為歐洲一體化的最熱心推動者，它們也是早年歐洲共同體、後來的歐盟，乃至《申根公約》的主要倡議者和首批成員國。

北約選擇布魯塞爾為總部所在地，也與地緣政治有關。最初北約的總部在巴黎，但經過多方博奕，最終還是移至布魯塞爾。

▲布魯塞爾第一公民——「尿尿小童」于連銅像。

黃昏時，坐在藝術山的廣場中，俯瞰布魯塞爾老城，王宮和幾大博物館都清晰可見。視線越過精心修飾的廣場花園，可以看到大片中世紀建築，市政廳的高聳塔樓在這片建築背後脫穎而出。

沿坡而下，走入這片建築群，一條條街巷不再喧鬧，各有奇趣。也是在此時，我突然萌生了避開人潮的想法。第二天一早，我們就來到布魯塞爾大廣場，昨日無比喧鬧的廣場，此時幾乎無人，這讓我們得以更仔細的觀察廣場上每棟建築的華美。

也是在這一天，我們前往新城區。布魯塞爾這座總部城市，有許多現代化大廈，它們與舊建築交雜，構成與一般歐洲城市有別的街區，這是布魯塞爾的另一種魅力。

在歐盟總部，廣場上立著幾塊柏林圍牆，就像簽署《申根公約》的申根小鎮一樣。歐洲人以這樣的方式告訴我們：歐洲一體化是第二次世界大戰後歐洲痛定思痛的努力結果。

▲ 歐盟總部的柏林圍牆遺跡。

荷蘭篇

10 我在地表找星星，布爾坦赫堡的星形要塞

二〇一六年七月的一個下午，我臨時起意，從荷蘭恩斯赫德市（Enschede）開車出發，一路狂奔近兩百公里，前往同位於荷蘭的布爾坦赫。高速公路在荷蘭和德國之間穿插，以至於導航頻頻提示「你進入了新國家」，手機的運營商簡訊也頻繁響起。這段臨時決定的旅程，我命名為「尋找星星」。

星星在哪裡？就在布爾坦赫，或者說，布爾坦赫就是星星。因為，它就是傳說中的古代星形要塞，也就是軍事迷們熟知的稜堡（Bastion）。

星形要塞的英文名是Star fort，是要塞的一種。它誕生於火藥時代來臨後，主要用來防禦火炮攻擊，最初出現於十五世紀中葉的義大利。其最大特點就是擁有許多三角形稜堡，從空中俯瞰，要塞呈現星星形狀（見第一百二十四頁圖）。

十五世紀後期，法軍入侵義大利。法軍配備的火炮更為先進，能夠輕易摧毀中古堡壘，為了抵禦新式火炮的威力，星形要塞得到快速發展。與之一同提升的是城牆的建築材料，磚塊和泥土取代了原先的石材，因為前者抵禦火炮的能力更強。

在星形要塞誕生之前，中古時代的歐洲要塞普遍採用環形樣式的城堡。城堡多建於

山上，可以有效防禦敵人的弓箭，同時因為居高臨下，己方弓箭射程更遠。而且，有了地勢輔助，敵軍僅憑衝車和雲梯等攻城工具，很難攻克城堡。在如今的歐洲，仍可看到大量類似的環形城堡遺跡。

但在火炮誕生後，炮彈可以直接轟擊直立的城牆，環形要塞顯得脆弱不堪。只要集中火力攻其一處，打開一個缺口，便有攻陷要塞的可能。而且，由於城牆過高，在火炮攻擊下更易坍塌。於是，建築師們選擇降低城牆高度，並增加其厚度和傾斜度，使之不易坍塌。事實證明它非常有效，這種牆體第一次展現其堅不可摧的特點的，當數一五〇〇年的比薩保衛戰（Defence of Pisa）。當時，在法軍加農炮攻擊下，原先的中世紀城堡被擊潰。隨後，比薩人立刻建起一道傾斜的土牆，在防範敵人攀爬的同時，也更有效的抵禦了火炮。

一五〇九年，義大利另一座名城帕多瓦（Padova）的保衛戰，同樣印證了這一點。一名身兼工程師的修士力主拆毀原有的中世紀城牆，挖壕溝圍繞全城，並修建傾斜土牆，成功抵禦了法軍的進攻。

但城牆變矮也使得敵人更易攀爬上城牆。因此，有著突出主體之菱形平臺的星形要塞應運而生。因為有著這種相互掩護的三角形棱堡，不論敵人從哪個方向進攻到城牆之下，防守方都可以從側後方對其予以多角度打擊。而且，因為稜角眾多，橫切面小，敵方即使有火炮也很難轟炸出一個開闊的缺口。再加上牆面傾斜，又與帶斜堤的壕溝相連，比起垂直牆面，更能抵禦火炮攻擊。此外，星形要塞還會有半月堡、角堡、皇冠堡等配備，進一步增強了防禦性。

因此，當時的歐洲各國都樂於招募義大利工匠建造新要塞。十六世紀，星形要塞設計在歐洲被廣泛採用。十七世紀下半葉的建築師柯霍恩（Menno van Coehoorn），以及路易十四（Louis XIV）的軍事工程師沃邦（Sébastien Le Prestre de Vauban），都是星形要塞的最傑出設計者。星形要塞也是文藝復興時代理想城市的圖像，見於各種古籍之中。大名鼎鼎的米開朗基羅（Michelangelo），也從星形要塞的設計中汲取經驗，升級了佛羅倫斯（Florence）的防禦工事。

直到十九世紀，因為破壞力更強的手榴彈出現，星形要塞才漸漸凋落。現存的布爾坦赫要塞就誕生於一七五〇年。

如今的布爾坦赫，僅僅是一個有著三百多名居民的小村鎮，但星形要塞保存完好。它建於荷蘭擺脫西班牙統治、謀求獨立的八十年戰爭期間。當時，荷蘭人欲打通格羅寧根與德國之間的通道，布爾坦

▲位於格羅寧根（Groningen）的布爾坦赫星形要塞。

赫就建在了這條路上。小小的布爾坦赫星形要塞，以集市廣場為中心，多條道路由此向外發散。廣場四周的精美小屋如今不是咖啡廳，便是餐廳。布爾坦赫已不見昔日刀劍場面，化身為幽靜小鎮。

後來，稜堡曾隨著西方殖民者傳入亞洲。斯里蘭卡的加勒堡（Galle Fort）、馬來西亞的法摩沙堡（A Famosa）都屬此類。它們雖然沒有星星的模樣，但都借鑑了稜堡的設計。

中國人最容易見到的稜堡設計，應該是澳門的大三巴炮臺。它由葡萄牙人建於一六一六年，炮臺廣場的四角向外延伸，構成四個稜堡，增加了射擊視野。也正因此，一六二二年，葡萄牙人在澳門擊退了如日中天的荷蘭人。

據研究，十七世紀歐洲殖民者在亞洲建造的要塞都或多或少採用了稜堡形式，即選擇在某個位置向外突出一塊菱形平臺，以消除防禦死角。

有意思的是，亞洲的稜堡也多為荷蘭人所建。十六世紀中期，荷蘭人為反抗西班牙的統治，謀求獨立，掀起八十年戰爭。由於荷蘭地勢低窪，均為平原，軍隊數量較多者自然占據優勢。為了限制軍力占優勢的西班牙人，荷蘭人在境內建造了大量堡壘，均參考星形要塞的結構。當時，荷蘭人僱用了大量義大利建築師，並從中取經。到了十七世紀，荷蘭的星形要塞數量已是歐洲最多，並隨著荷蘭人的殖民擴張而遍布亞洲。

前文所說的澳門大三巴炮臺算是一個例外，它是葡萄牙人所建，還抵禦了荷蘭人的進攻。這是因為荷蘭在謀求獨立的同時，也對西班牙和葡萄牙（兩者同屬哈布斯堡王朝統治）的殖民地進行攻擊，並在占領地建設星形要塞以便於防守。西班牙人和葡萄牙人深感自己的舊式堡壘抵擋不了荷蘭人，荷蘭人的星形要塞又能抵禦己方的反擊，於是也開始模仿建造。

決戰熱蘭遮城

我們所熟知的鄭成功收復臺灣，其間也有星形要塞的身影。一六六一年，鄭成功率軍攻打臺灣熱蘭遮城。當時的熱蘭遮城是荷蘭在臺灣的殖民據點，荷蘭人於一六二八年便開始在城市港口處建造要塞（安平古堡）加強防衛。要塞為磚結構，外牆由糖漿和沙石黏合，高度偏低卻非常堅固，要塞四周則設置了稜堡。鄭成功軍隊的進攻並未對要塞城牆造成太大損毀，反倒是荷蘭人利用星形要塞的交叉火力反擊，大量殺傷了鄭軍，迫使其停止正面攻城，轉為長期圍城。圍城期長達八個月，由於缺乏有效的後勤補給，鄭軍的非戰鬥性減員十分嚴重。

到了年底，守城一方有人叛逃至鄭成功軍營，將安平古堡的防禦部署全盤托出，並建議鄭成功模仿建造稜堡。於是，鄭成功在安平古堡的東、南、北三面建造稜堡炮臺，並於次年一月以三面炮火夾擊，拿下安平古堡的制高點。荷蘭守軍最終撤離臺灣，臺灣開始進入鄭氏時代。

儘管荷蘭人撤出了臺灣，但從戰事過程來看，當時歐洲的軍事技術和素養已大大領先亞洲國家，星形要塞的建造和使用相當關鍵。鄭成功以數萬兵力仍無法短期內攻下僅有千餘守軍的安平古堡，便是最佳證明。

如今，曾經擁有歐洲最多星形要塞的荷蘭，卻只剩下為數不多的幾處星形要塞，而且普遍極小。這是因為荷蘭獨立後，已不再需要那些防線。加上武器的逐步升級，星形要塞即使存在，也無法起到當初的作用。荷蘭作為一個低地小國，需要高效利用土地，那些不再被使用的東西必然會遭到清除，星形要塞也不例外。

如今仍然得以保留的星形要塞中，布爾坦赫或許是最小的，最大的則是納爾登（Naarden）。納爾登距離阿姆斯特丹不過數十公里。十世紀時，納爾登是港口，一三〇〇年成為城市，之後以紡織業著稱。十七世紀，該城建成防禦工事，被著名的法國軍隊工程師瓦本（Vauban）設計成城牆厚重的堡壘，周邊還挖了護城河。

在星形要塞裡的納爾登老城區，街道以齊整的星芒狀發散。房屋多半是紅色磚牆，也有大量鐵藝裝飾。始建於一四五五至一五一八年的聖維特大教堂（St. Vitus）是老城中心，也是荷蘭現存最古老的教堂之一。登上高七十三公尺的塔樓，可以三百六十度眺望納爾登全景。一個個突出的稜堡，如今仍保持原貌，但已不再劍拔弩張。唯一的遺憾，便是無法一窺星星全貌。據說，因為有護城河的緣故，納爾登的航拍圖就像一隻烏龜趴在水池中。

高聳的教堂塔樓與低矮星形要塞的結合，並非僅見於納爾登。或者說，在那個星形要塞「大紅大紫」的年代裡，納爾登遠遠算不上第一線。在西方文明的歷史中，星形要塞的最大意義在於，它在東歐地區阻擋了如日中天的鄂圖曼帝國的西進，保住了基督教世界的獨立。

▲ 二次世界大戰時納爾登的航拍圖，就像一隻烏龜趴在水池中。

荷蘭篇

11 列入文化遺產的排水系統，小孩堤防風車村

荷蘭的海上霸主地位，在十八世紀被英國人打破。風車也面臨著現代工業的衝擊，先是蒸汽發動機，隨後是內燃機發動機，再之後是電動馬達，它們逐漸取代了風力和水力。大量風車因此被拆毀，或者變成純粹的儲藏室。到一九二三年，荷蘭只剩下三千架風車，到了今天，只剩下一千多架。

不過風車很快因為其歷史和別致的美感，成為荷蘭旅遊的象徵。荷蘭將每年五月的第二個星期六定為「風車日」。每逢節日，風車上會掛滿花環，懸掛國旗，還有硬紙板做的太陽和星星。

桑斯安斯風車村、小孩堤防（Kinderdijk，見下頁圖）風車村……這些風車村都已成為世界知名的景點。相較於色調明朗鮮豔、宛若童話的桑斯安斯風車村，距離鹿特丹僅十幾公里的小孩堤防風車村更加古樸自然。

這個一七四〇年建立，一九九七年被列入世界文化遺產名錄的排水系統，由十九座風車組成，曾是荷蘭最大的排水系統。它們至今仍保持著舊時色調，靜靜佇立在河畔，宛若幾百年前，延續著舊日情致。

▲小孩堤防風車村不但被列入世界文化遺產，也是荷蘭知名地標。

將風車村變成景點只是第一步，更重要的是長期持久的文化保育。目前，荷蘭境內仍在運作的風車越來越多。許多擁有風車的磨坊，生產麵粉、燕麥、果醬販售。荷蘭政府每五年會提供磨坊主一次風車維護補貼，金額是相當可觀的三萬歐元[6]。另外，政府也鼓勵風車愛好者參與風車傳承工作，磨坊主如果為愛好者提供培訓，每年可得到兩千五百歐元補貼。

雖然參與的年輕人仍然不多，後繼無人的威脅一直存在，但荷蘭政府的努力顯而易見。加上文化保育領域的前景看好，風車的未來倒也不是太讓人擔心。

由於環保主義情緒的高漲，也讓風車重新回到人們的視野中。荷蘭政府開始重新修建這種綠色無汙染的工具，提出了「到二〇二七年建立世界上最大的海上風力發電場」的目標。

6　歐元與新臺幣的匯率約為一比三十一．〇五元，因此三萬歐元約為新臺幣九十三．一五萬元。

盧森堡篇

12 盧森堡這麼小，天上衛星鋪全球

盧森堡的正中央是中心廣場（Place du Luxembourg，見第一百三十四頁圖），這也是老城的中心地帶，被一圈餐廳和咖啡廳所環繞。人口多元化的盧森堡，以美食多元化著稱，如中心廣場的多國餐廳便是明證。

還沒到吃飯時間，又想坐下來休息，我便選了個咖啡廳閒坐。門口的電視播放著音樂節目，若是看膩了廣場的建築，抬頭看看MV（Music Video）也是不錯的選擇。

在很多人看來，廣播電視行業與平臺關係很大。大城市顯然比鄉下更有優勢，全國性的廣播電臺的平臺肯定比地方的電臺更大。如果將這個思路套用到歐洲的廣播電視行業上，人們也會很自然的認為只有英、法、德這種大國的電視平臺才更有競爭力。

但盧森堡不一樣，這個彈丸小國居然把自己的廣播電視業做到了全歐範圍。

一九二五年，盧森堡第一家私人電臺誕生。一九三一年，盧森堡無線廣播公司（Radio Luxembourg）成立，一九三三年開始向全歐播出，播出語言包括法、德、英、荷、義等多種語言。

一九五四年，盧森堡無線廣播公司開闢電視業務，同時更名為盧森堡廣播電視公司

（Compagnie Luxembourgeoise deTélédiffusion，CLT，簡稱「盧森堡廣電」）。

其實，最初的盧森堡廣播電視市場，就和我們的地方電臺、電視臺一樣，市場規模小，影響力無法走出當地。而且，相較於中國廣播電視業的政府背景，完全市場化運作的盧森堡廣播電視業面對的形勢更嚴峻，畢竟市場規模小，就意味著廣告收入低，生存艱難。一九八〇年代末期，盧森堡國內的數位電視用戶僅有十五萬戶，更別說網路時代到來後，電視市場占有率不斷走低了。

在這種情況下，盧森堡廣電乾脆走出國門，放眼全歐洲，開拓國際市場。它對外拓展的最早合作方是德國公司——德國傳媒巨頭博德曼（Bertelsmann SE & Co. KGaA）。在一般人看來，盧森堡廣電顯然是合作關係中較弱的一方。可是，盧森堡廣電於一九八六年便開始向德國傳輸信號，一九八九年改為衛星傳輸覆蓋，一九九〇年已完成收支平衡。

一九九三年開始，盧森堡廣電開始和德國公共電視臺競爭，一九九五年就在德國本土贏得了這場收視大戰。一九九〇年，盧森堡進軍荷蘭，一年後就打破了荷蘭公共廣播電視臺的壟斷地位，甚至迫使荷蘭修訂了國內電視廣播法。一九九三年，盧森堡廣電打入比利時，收視率也相當可觀。

一九九七年，盧森堡廣電與德國烏髮電影公司（Universum Film AG）聯合組建了歐洲最大的廣播電視媒體公司（CLT-UFA）。二〇〇〇年該公司與英國人物電視（Person TV）合併組成歐洲最大的盧森堡廣播電視集團（RTL Group），目前已擁有電

最小但最強，荷比盧的細節

▲鳥瞰盧森堡城市中心廣場。

視頻道及廣播站各三、四十家，向四十個國家轉播數十部電視節目，每月觀眾人數超過二．五億。

難能可貴的是，盧森堡廣播電視業的發展，突破了體制的束縛。要知道，盧森堡是目前歐洲僅存的大公國。大公為世襲制，掌握最高權力。但這一體制難免有專制弊端，對行業有過多束縛。不過，盧森堡政府解除了對廣播電視行業的限制，不進行任何干預，僅制定整體規劃，具體運作完全市場化。最令人驚訝的是，早在一九二九年，盧森堡的法案就已取消了對廣播電視行業的各種限制，允許企業私營化。

盧森堡在電視行業下的功夫不僅局限於節目，也看重技術。一九八五年，在盧森堡時任首相的倡議下，歐洲衛星公司成立。這個私有跨國集團的總部設在盧森堡，而且盧森堡還透過金融機構持有該公司二〇％的股份。

一九八九年起，該公司透過衛星系統向歐洲各地傳輸電視及廣播節目信號。一九九九年，它收購亞洲衛星公司（AsiaSat）三四％的股權，隨後又進軍美洲市場。目前，盧森堡的環球衛星公司在地球靜止軌道和中地球軌道，這兩個不同的軌道上擁有七十多顆衛星，在全球覆蓋率達九九％，是全球最大的衛星運營公司。

盧森堡創辦歐洲衛星公司，不僅覆蓋了全球市場，也使得自己站在了全球數位電視轉換浪潮的最前沿，成**為世界上第一個完成地面數位電視轉換的國家**。

荷蘭篇

13 起司就是力量（熱量）

在歐洲旅行，最有意思的就是逛市場，市場裡最有意思的，當數那一塊塊巨型起司，有的甚至同貨車輪胎一樣大。

起司是歐洲人的必備之物。而世界上最出名的起司大國，當數荷蘭。荷蘭每年光出口的起司就達四十多萬噸，位居世界第一。荷蘭人自己消耗的起司量也十分驚人，人均每年八公斤。相較之下，不太習慣食用起司的中國人，人均每年則只有四克左右。阿爾克馬爾起司市場是世界上最知名的景點之一，屬於遊客在荷蘭的必「打卡」之地。

一個市場能成為世界級景點？沒錯，這在歐洲不是新鮮事。比如匈牙利首都布達佩斯（Budapest）的中央市場（Nagy Vásárcsarnok）、拉脫維亞首都里加（Riga）的中央市場（Riga Central Market）、德國漢堡（Hamburg）的魚市（Fischmarkt）等，個個赫赫有名。

阿爾克馬爾市場則以起司交易聞名，在這裡，人們可以見識到起司公會的傳統。

荷蘭以商立國，政府一度都由行業公會人員組成。鼎盛時期，各行各業的公會成為城市中堅，推動著這個國家前行。起司公會當年也是最重要的同業公會之一，而且他們有一套傳統交易模式，流程如下：

穿著傳統白色服飾的起司搬運工分成四隊，每隊七人，以紅、黃、綠、藍四種不同顏色的草帽區別隊伍。兩人一組，合力在木架上裝滿起司，快步搬到秤量房裡過磅。那裡有檢查員拿起起司，聞其香味，透過拍打查看軟硬度，還要試試味道是否足夠香濃，確定其是否合格。之後，過關的起司就會被蓋上印章，標明製造廠商、重量和日期等。蓋章的起司就可以進行交易，買家與賣家討價還價，其間以相互擊掌的形式確定價格。

不過說實話，因為早已變成旅遊景點的緣故，阿爾克馬爾市場的起司交易更像一場遊客圍觀的表演。如果你想對這個起司王國有真正的了解，最好去原產地看看。

哪裡是原產地？在荷蘭，起司無處不在，但最著名的是三個地方——埃丹、高達（Gouda，亦稱豪達）和萊頓（Leiden）。在阿爾克馬爾市場，你見到最多的也恰恰是這三個地方的起司。

首先我們先說說**埃丹，這裡有世界唯一保持完美球形的起司**。

目前荷蘭的傳統起司市場還有五個，除了阿爾克馬爾和埃丹之外，還有高達、霍倫和武爾登（Woerden）。若說景色美麗與市場氣氛的並重，首推埃丹。

即使在富庶安定寧靜的荷蘭，埃丹也是世外桃源般的存在。這個湖濱小鎮遍布狹長河道，沉靜美麗，哪怕沒有起司「加持」，也是一個適合晃悠的好地方。

這個始建於十二世紀的小城，最早以沿河的農業和漁業為主。它能夠在十六至十七世紀成長為繁華城市，起司貿易功勞最大，而埃丹起司（Edammer）也由此成為世界上最好的起司之一。

在小城的揚．紐文豪生廣場上，可以見到精美的舊時秤量房，每年七月到八月的每週三上午十點半到十二點半，這裡都會舉辦始於一九二二年的起司集市。流程與阿爾克馬爾起司公會無異，不過因為遊客少，顯得更為真實。商人會用小船將起司運到市場，交易方式也是互相擊掌，最後買家會用馬匹或手推車將起司運走。

埃丹起司又叫紅波起司，多半用於出口，另外也有人叫它小圓起司，顧名思義，是小巧的圓形起司，每個重量約為一．七公斤。這種起司是半硬質起司，水分含量為四○%至五○%。它也是世界上唯一保持完美球形的起司，占荷蘭起司總產量的二七%，排名第二。

在荷蘭，起司產量最高的地方是高達，占據了國內一半產量。高達起司（Goudse

▲起司市場一角，據說荷蘭人平均一年可吃掉 8 公斤起司。

▲荷蘭阿爾克馬爾起司市場交易影片。

kaas）也叫黃波起司，就像個黃色大車輪，每個直徑為三十公分，厚十公分，重十二公斤左右。

高達起司節是每年的六月到八月，逢週四上午舉行。每當此時，小城中心廣場上就擺滿了起司，還有許多身穿藍格短袖上衣、紅裙紅襪，戴著白色小尖帽，腳蹬木鞋的荷蘭姑娘。賣家穿藍色衣服，買家穿白色衣服。

交易同樣遵循古老的擊掌議價方式，買家、賣家一邊快速報價一邊擊掌，最吸引人的當然是搬運工搬著起司過磅的場面。

早在十二世紀，高達周邊農民就開始在城中銷售自製的起司，起司市場也有三百多年歷史。時至今日，起司市場已經成為高達最核心的景點，每年吸引數百萬遊客。

荷蘭篇

14 菜市場界的帝寶——荷蘭拱廊市場

荷蘭國土平整，走到哪兒都是平原。這顯然跟填海造地有關。相信就算荷蘭之前有山有坡，也早就用去填海了。這種沒有山的地形，最適合發展牧場，所以荷蘭國土有三分之一的面積為牧場，乳牛和乳製品產值占畜牧業產值的七成。荷蘭這個農業大國也因此被稱為「歐洲菜籃子」。

荷蘭乳牛被視為世界上最快樂的乳牛。據說乳牛們邊聽音樂邊幹活，幹完活就休息，還有專門的按摩機器為牠們鬆弛肌肉。有一頭名叫「斯默夫」的乳牛，曾在十五年間產奶超過兩百一十六噸，打破了金氏世界紀錄（*Guinness World Records*），因而還被授予「乳房騎士」的爵位。

從一九八九年起，荷蘭所有乳牛都不再吃動物源飼料，而是改為每天都吃新鮮的青草，還吃啤酒糟、玉米，以及由大豆蛋白、氨基酸、礦物質構成的濃縮飼料。

直到今天，荷蘭人土法製作起司仍是家庭常態。在荷蘭鄉村，幾乎每戶人家都有一大片草原可供放牧乳牛，另外還有一個倉庫式的大工廠作坊，農戶就在裡面製作起司。先是發酵牛乳，之後壓成餅狀，包裝好之後再放半年左右，就變成了起司。

據記載，荷蘭的起司工業始於九世紀，製作的起司最早供宮廷享用。到了中世紀，起司工業日漸成熟，哈倫等地便開始出現了專門的起司交易市場。荷蘭起司儲存時間長，不易變質且便於運輸，早在中世紀就遠銷德國，甚至透過海運抵達波羅的海和地中海地區。幾個世紀以來，荷蘭起司出口不僅從未間斷，還保持穩定成長，今天連西印度群島和南美洲都有荷蘭起司的存在。

要知道，世界上的傳統農業大國可不少，但真正的已開發國家不多。荷蘭是一個罕見的特例：國家發達富庶，人均GDP長期位居世界前列，農民生活水準極高，居住環境極佳。可以說，不僅藏富於國，還藏富於民。

這一點與歷史的抉擇有關。**以商立國的荷蘭**，最重要的一個歷史節點，便是**王室將權力交給商人**。而且，這個過程並不是強制完成的，更沒有血腥暴力，而是一樁買賣。換言之，**商人以交易的方式取得了國家管理權，使得國家利益與個體利益無限統一**。

具體到起司產業，那套古老的交易方式就是商業傳統的明證。我們現在看起司市場，更像一場表演。但要知道，在過去的幾百年間，荷蘭人就是以這樣的表演，實現了起司的廣泛流通和大量出口。在那個資訊閉塞的時代，這十分難得。

荷蘭起司的生產和流通，可以說是一條幾近完美的產業鏈，而且它早在數百年前就已形成，後又隨著技術進步更加強化。如今，起司產業的協作更為完善，對於農民來說，乳牛的育種可以交給育種服務公司，乳牛的健康和疾病預防可以交給獸醫，乳牛的餵養可以交給專業的優質飼料公司，牛乳和起司的出售可以交給專業的中間商，奶製品的質量把控和定價也有專業的第三方公司完成，十分省心。而這一切和諧的存在，都源於幾百年來的起司商業傳統。

說到菜籃子，荷蘭除了起司市場外，還有鹿特丹的 Markthal 拱廊市場。拱廊市場不僅大，而且美。在鹿特丹的奇妙建築裡，它在我心中的地位甚至還超過了方塊屋（見左頁圖）。

中國人早已習慣了室內市場，但歐洲人一向習慣露天市場，拱廊市場正是荷蘭的第一個室內市場。二〇一四年十月，拱廊市場開業，由荷蘭女王親自主持開幕，它將肉菜、魚類、商鋪、餐飲、娛樂集於一體。更有意思的是，它居然還有住宿的房間。

住在菜市場裡？沒錯。大拱廊兩側就是一間間公寓，共計兩百二十八間，一邊面向市場，一邊面向外面，延伸至市場頂部。這個有足球場大小的市場，外觀猶如馬蹄鐵，內部拱形天花板有著大型壁畫，公寓的一個個小視窗就藏在壁畫中，十分有趣。這個拱形天花板的壁畫是荷蘭最大的藝術作品，是

▲荷蘭起司市場內景。

以皮克斯動畫技術製作的五層數位印刷畫，展示了市場出售的魚類、水果、麵包和鮮花等常見商品，還有鹿特丹的標誌建築聖勞倫斯大教堂（Basilica of Saint Lawrence）。

一百多個新鮮農產品攤販、十幾家商店和數家餐廳，外加一千兩百個地下停車位，營造了一個完全獨立的生活空間。如果能住在市場頂端的公寓裡，不但可以每天望著這個顏值超高的市場，還完全可以變成世界上最宅的人，足不出市場，解決所有問題。

這個市場之美，很難用語言和文字形容。另外它的敞亮、乾淨和時尚，也顛覆了人們對菜市場的固有印象。與方塊屋營造的社區理念一樣，室內拱廊市場也體現著社區功能合一的理念。這也恰恰是鹿特丹現代建築的內涵所在，它們並不盲目追求標新立異，並不以「怪」為美，而是要契合人們的生活。

▲ Markthal 拱廊市場內景。

▲ 全球最美菜市場——Markthal 拱廊市場。

荷蘭篇

15 二戰後重建的奇蹟，歐洲最佳城市鹿特丹

第二次世界大戰摧毀了眾多歐洲城市，其中不乏名城。如擁有悠久歷史的波蘭首都華沙（Warszawa）、被譽為易北河畔明珠的德國德累斯頓（Dresden）等，都在第二次世界大戰中被夷為平地。那些在第二次世界大戰中毫髮無損的名城，如捷克首都布拉格和波蘭的克拉科夫（Kraków），也因此成為人類瑰寶。

戰後，大多數歐洲城市都採取了原樣重建的方式，人們蒐集舊時典籍、資料、畫作、照片乃至明信片，原封不動的呈現古城容貌。對於局部遭遇劫難的城市而言，修復難度顯然小得多，但那些在廢墟上徹底重建的城市，則在創造一個個奇蹟。

作為完全重建的古城，華沙竟然入選世界文化遺產名錄，這無疑是世界對華沙人執著精神的肯定。而德累斯頓的重建也值得稱道，德國人利用廢墟上的磚瓦，輔以新材料，重建了一座座外表斑駁、容貌如昔的建築，其中聖母大教堂更是令人感佩的奇蹟。

正因為歐洲人的集體努力，我們如今才能得見宛若童話的歐洲。不過也有一些城市選擇不走尋常路，面對廢墟，它們沒有原樣重建，而是另闢蹊徑，成為現代建築的「鬥秀場」，並實現了與眾不同的建築經濟學，荷蘭鹿特丹便是一例。

鹿特丹是荷蘭第二大城市，名字取自城市中的小河鹿特河和荷蘭語的 Dam 一詞，後者是堤壩之意。它本是鹿特河附近的漁村。鹿特河原本流入默茲河，一二五〇年，人們在默茲河北岸修建堤壩，用閘門將默茲河和鹿特河隔開，於是便有了鹿特丹。

一三四〇年，伯爵威廉四世（William IV）在鹿特丹挖掘運河，使之與台夫特和萊頓兩大重鎮相通，鹿特丹也開始繁榮起來。十六世紀，鹿特丹逐步發展，港口逐漸形成。十八世紀，鹿特丹對英、法兩國的貿易十分繁榮，甚至已有船隻遠航印尼和美國。十九世紀，鹿特丹的港口地位越來越重要。尤其是東、西德國統一後，魯爾區（Ruhrgebiet）的工業化飛速發展，帶動了鹿特丹地區。城市迅速擴張，港口運輸網路形成，四通八達的河流和運河連為一體，使得鹿特丹在二十世紀初成為荷蘭第一大港，也是世界最大港口之一。

第二次世界大戰期間，鹿特丹遭遇厄運。一九四〇年五月十四日，德軍的狂轟濫炸使整個市中心和東部地區被完全破壞，建於十五世紀的聖勞倫斯大教堂等眾多公共建築物被炸成一片瓦礫。只有市政府、郵局和股票交易所少量建築殘留。

第二次世界大戰結束後，荷蘭政府啟動重建鹿特丹計畫。城市建設者完全偏離了歐洲古城慣有的重建軌道，將鹿特丹變成了現代建築的實驗場。

也正因此，鹿特丹是一座與眾不同的歐洲城市。它沒有歐洲城市慣有的古樸精緻和童話感，反而高樓林立，十分現代化。它的建築也不僅僅是簡單的摩天大樓和玻璃幕牆，不盲目追求高度和密度，而是充滿設計感。走在街上，你總能看到各種奇思妙想。

如今，風格鮮明的荷蘭建築已自成體系，鹿特丹就是最重要的表現場所。荷蘭人的開放與包容，不僅體現在歷史上的商業立國、紅燈區和大麻有限合法化等方面，也體現在建築風格上。

鹿特丹為新銳建築師們提供了足夠的空間，包容他們的自由發揮、天馬行空和標新立異，也讓這座城市變得魔幻，成為過去幾十年間最為世人稱道的現代建築實驗場。

二〇一五年，在全球城市規劃評比中，鹿特丹被評為歐洲最佳城市。評委們稱「鹿特丹年輕開放包容的社區環境更能產生創新的建築、城市設計

▲二戰後，荷蘭政府啟動重建鹿特丹計畫所建造的建築之一。

和新的商業模式」。

與此同時，鹿特丹也成長為世界上最發達的城市之一，人均GDP位居歐洲前列。鹿特丹雖已不再像一九八〇年代那般貴為世界第一大港，但仍是世界上最繁忙的港口之一。

它的造船、煉油和乳品加工等行業都處於世界前列。更關鍵的是，它與眾不同的城市生態，正帶動自身的特色工業和建築旅遊不斷發展，每年慕名去鹿特丹觀賞建築的遊客不計其數。

鹿特丹是一座不折不扣的工業城市和港口城市，但它的城市生態並未因此而「面目可憎」。它享受著工業時代的發

▲ 荷蘭 STC 集團總部，建築採用了一種很有趣的體塊轉折，極富變化性。

達和富庶，同時也貫徹著宜居的城市理念。

鹿特丹的建築創新永遠以人為本，即使再奇特、再異想天開，也不會流於形式。三十多年前的方塊屋就已前瞻性的提出了社區理念；Markthal 大型拱廊市場給予人們最舒適的社區購物體驗；摩天大樓不再是冰冷的玻璃幕牆，呈現出了社區化生態。即使是河面上那一座座造型各異的大橋，也從未忘記行人與自行車的通行便利是第一位的。而由此衍生的建築旅遊和工業旅遊，則僅僅是經濟層面上的錦上添花而已。

比利時篇

16 布魯日，一座仍停留在中世紀的古城

說來有趣，幾年之後，我對比利時名城布魯日的最深刻印象，仍是前往酒店之路。酒店並不難找，就在老城中心，距離市集廣場和市政廳廣場都不遠。但進入老城之後，我們就開始了「不見天日的框郮」之旅。

什麼叫做「不見天日的框郮」？這是因為老城的道路非常窄，基本都是單行線，兩側都是三、四層的中世紀建築，華美且古樸，雖然不高，可是因為路太狹窄，所以常令整條道路難見陽光。至於「框郮」，就容易理解了，老城全是石板路，車子駛過怎會不「框郮」？這些狹窄街道都不長，一路七拐八繞，自己摸索路名然後尋找到目的地的可能性絕對為零。還要感謝現代文明讓旅行變得容易，我們只需要聽從導航指示，就可以走出這迷宮。

如果沒有汽車，沒有其他任何現代化玩意兒，這座老城就是中世紀的模樣，無數人曾為之陶醉。不過有根特的珠玉在前，我倒是多了幾分免疫力。直至今天，我最喜歡的比利時城市仍是根特而非布魯日。

但布魯日仍然驚豔，它沒有任何死角，無論你走入老城的哪一條街巷，都只能用美

▲鳥瞰布魯日老城。

來形容眼前的一切。

在法蘭德斯語[7]中，「布魯日」就是橋的意思。這個十四世紀崛起的歐洲大商港，與根特和安特衛普一樣，坐擁運河與港口，有著悠久的商業傳統。

早在一世紀，羅馬的凱撒大帝（Gaius Iulius Caesar）就下令在此地修建要塞，以保護海岸免遭海盜襲擊。四世紀，法蘭克人從高盧[8]的羅馬人手上奪取此地，便有了法蘭德斯。一〇五〇年，因為泥沙淤積，布魯日不再直接面對北海，但仍有天然河道可通向北海。一一二八年，布魯日獲得城市自治權，建了新的城牆和運河。

十二世紀，因羊毛紡織業和布料貿易的興旺，布魯日成為歐洲最富庶的城市之一。當時，布魯日一邊進口英國的羊毛和鐵器，南歐的柑橘、糖和香料，北歐的皮毛和銅器等，另一邊還會出口大量毛紡織品。

一二七七年，熱那亞[9]商船駛入布魯日，使得布魯日成為連接地中海與北海貿易的第一座商業城市。除了貿易因此受益之外，布魯日的財政體系也日益健全。銀行業迅速發展，證券交易所也於一三〇九年開啟。在很長一段時間裡，布魯日擁有低地國家乃至全世界最發達的金融市場。就連以商業聞名的威尼斯人，都是在一三一四年才學到證券

7　Belgisch-Nederlands，又稱法蘭德斯荷蘭語，或比利時荷蘭語，是比利時荷蘭語的舊名稱。
8　Gaule，古羅馬人把居住在現今西歐的法國、比利時、義大利北部、荷蘭南部、瑞士西部，和德國南部萊茵河西岸一帶的凱爾特人，統稱為高盧人。
9　Genova，義大利北部的港口城市。

市場知識，而他們的老師正是布魯日。

即使後來布魯日的布料貿易漸漸被其他城市趕超，但布魯日仍憑藉良好的底蘊，轉型為一座金融業發達的經濟之都。爾後，大量銀行家和藝術家雲集此處，使得城市氣質更為迷人。

時間來到一五〇〇年，因為天然河道也出現泥沙淤積，布魯日再次失去通往北海之路，貿易和工業大受影響。為了重拾昔日榮光，布魯日人於十六世紀挖掘出新的運河，但這條一五六六年建成的新運河嚴重落伍。在它通航時，各國商人已經開始使用運載量更大的商船，吃水線甚至超過了新運河的深度。

從此，布魯日的經濟再也沒有回到過去的繁榮，以至於有人曾寫過一本《沉寂的布魯日》（*Bruges-la-Morte*），稱這城市沒有工業，中產階級保守不思進取，城市人口不斷減少，除了幾百幢老建築和運河外一無所有。

也許布魯日再也無法重現當年頂尖工業城市的模樣，可又有誰在乎呢？一九〇七年，它擁有了新的港口，是如今歐洲最重要的港口之一。更重要的是，它於二〇〇〇年被列入世界文化遺產，成為世界上最知名的旅遊城市之一。

對於這座城市來說，政治、宗教和經濟，哪個更重要？

如果從廣場大小來說，低地諸國的悠久商業傳統顯然更重要些。布魯日有兩座廣場，其中一座是小小的城堡廣場（Burg），位於這裡的哥德式市政廳（Stadhuis van Brugge）建於一三七六年，是比利時現存最古老的市政廳，三座塔樓和牆身雕塑，書寫著這座城市的過往。另外，聖血聖殿（Basilica of the Holy Blood）也在這裡，是布魯日宗教權力的象徵。幾十步外的市集廣場比它們大得多，也是布魯日的中心。高聳的鐘樓是老城的地標，也是昔日輝煌經濟的見證。

在這座城市裡，步行是最好的遊覽方式。以市集廣場上那座八十三公尺高的鐘樓為起點，不管怎麼走，都能體會到這座城市的魅力。當然，首先要做的是爬上這座鐘樓一覽老城的全景。鐘樓不但是布魯日的象徵，也被視為比利時最精美的建築，它代表布魯日人的自治傳統與自由意識。建於十三至十五世紀的它，至今仍是老城的制高點。沿著狹窄樓梯拾級而上，氣喘吁吁到達頂端，便可見到整座老城。大片大片的紅瓦尖頂營造出錯落效果，延綿至遠方。僅有的幾棟高樓都是教堂，在你視線所及之處，甚至見不到任何現代社會的痕跡。

城內最好看的當然是廣場上正對鐘樓的那排行會建築，如今多半是咖啡廳和餐廳。狹窄的建築立面配上不同顏色，搭配在一起如童話世界。

走走停停，到了運河邊就可以船代步。以「橋」為名的布魯日，擁有數十座古老的石橋，運河兩岸都是古老建築。坐在小船上，望向兩岸，密密麻麻的建築臨河而立，也許除了外牆顏色更加繽紛之外，真的跟舊時沒有區別。

即使滿街遊客，連已算是郊外的愛之湖公園（Minnewater）也不例外，布魯日仍然清新。當然會有一些見多識廣者對遊客過多的城市不以為然，但在我看來，布魯日是少數幾個被遊客攻陷後仍不讓人討厭的城市之一。當然，也有人指責布魯日的古建築中，有不少是十九世紀後模仿而建，但這修舊如舊、維持原貌的狀態，難道不難能可貴嗎？

更何況，能躲過兩次世界大戰侵襲的歐洲城市又有幾個？布魯日人的從容也足以加分。他們固守著這座古老城市，在狹窄街巷中漫步，並沒有因為遊客多而吆喝生意。在某些僻靜無人的街道上，偶爾有幾扇古樸的門打開，走進去便是生活。

這座城市的歷史保護也堪稱典範，如今的老城，總體格局早於中世紀晚期就已固定。正如聯合國教科文組織在授予其世界文化遺產稱號時所言：「它是一段長期

▲ 在布魯日擁有 10 座古老的石橋，運河兩岸都是古老建築。

▲ 布魯日鐘樓導覽影片。

歷史的見證，體現了建築的發展，特別是哥德式建築；同時也對中世紀繪畫藝術創新產生了有益影響，成為法蘭德斯原始繪畫流派的誕生地。另外，它是整體建築的傑出典範，表現了中世紀歐洲商業和文化領域的重要階段，是對這一時期公共場所、社會和宗教機構『活的』見證。」

從一九七〇年起，布魯日政府就啟動了公共空間重建和文化遺產保護，對老城進行保護與恢復。若無至今五十多年的努力，就沒有現在的布魯日。

布魯日人的有趣和傳統，與這座古城相得益彰。在愛之湖附近的街區，我們坐下來吃晚飯。當我們問服務生 Wi-Fi 密碼時，他一臉苦惱的說他不想告訴我們：「因為如果告訴了你們，你們就只顧著玩手機，不跟我說話了！」

也只有在這樣的城市，才有這麼好玩的人吧。

比利時篇

17 滑鐵盧不在法國，在比利時

陰雨連綿中，我開車靠近了那座田野間的土丘。這裡是典型的比利時鄉村景緻，田野起伏不平，細長的柏油路如緞帶般在其間蜿蜒。遠遠望去，綠色土丘呈圓錐形，上面隱約可見一尊雄獅雕像。你是否知道，就在這片土地上，曾爆發過一場影響世界進程的經典戰役——滑鐵盧戰役（Battle of Waterloo）？

滑鐵盧距離比利時首都布魯塞爾僅二十公里，原本無啥特色，卻因滑鐵盧戰役而聞名世界。一八一五年，就是在這裡，拿破崙率領法軍與英國、普魯士聯軍展開大戰，最終法軍慘敗，「百日王朝」覆滅，這也是拿破崙的最後一戰。

這一戰最深遠的影響，就是結束了英法爭霸的局面，英國成為世界唯一霸主，在十九世紀主導世界。從一八一五年滑鐵盧戰役結束到一九一四年第一次世界大戰爆發，歐洲迎來了相對和平的百年，也迎來了高速發展期。

在滑鐵盧博物館裡，可以看到這場戰爭的過程與細節。在紀念土丘上，可以一覽昔日戰場的風光。但如果僅有這些，很難解釋我們心中的疑問——拿破崙到底輸給了誰？

要知道，直到今天，滑鐵盧戰役仍然是個謎。一生英明神武的拿破崙，在他人生的最後一戰中，竟然在每個環節都「敗招」迭出，而戰役過程中的各種偶發事件，也讓人感慨世事弄人。

前幾年有本書，名為《滑鐵盧：四天、三支大軍和三場戰役的歷史》（*Waterloo: The History of Four Days, Three Armies, and Three Battles*），作者是英國的伯納德・康沃爾（Bernard Cornwell）。我的朋友高凌為該書寫過一篇題為〈諸神謝幕：滑鐵盧戰役與舊歐洲的終結〉的書評。其中談到，拿破崙身處的時代，既是一個復古時代，又是一個古典英雄難覓的時代。可拿破崙橫空出世，創造著一個個古典英雄時代才會有的奇蹟。在他之後，再也沒有這樣的古典英雄出現，十九世紀乃至之後，開始進入普通人時代。對於如今的我們來說，這個普通人時代當然不是壞事，但古典英雄時代也難免讓我們浮想聯翩。

回到那個問題，拿破崙到底輸給了誰？也許，就像過去歐洲的那些國王一樣，他輸給了錢。

法國大革命爆發後，拿破崙迅速在法國政壇崛起，並成為歐洲最具影響力的人。拿破崙崛起的原因很多，他的果敢強悍、法國的紛亂時局、人們對傳統英雄的渴望……都是重要因素。還有一個現實的關鍵——拿破崙在一定程度上解決了錢的問題。

打仗確實是最花錢的事，不過在歐洲各國的軍費支出中，除去必需的武器、糧食和運輸等開支外，很大一部分是薪酬。而且，這個薪酬不是普通的兵餉，而是僱用費。在很長一段時間裡，歐洲各國的軍隊都由僱傭兵組成，如果不花錢，就沒有軍隊可用，所以這筆支出實在驚人。

拿破崙的解決辦法是在歐洲率先實行徵兵制。既然是徵兵，比起僱傭兵的費用可就降了一大截，甚至只需要個零頭。所以，法國的錢袋子寬裕了，也可以擁有更為龐大的軍隊。面對歐洲各國對法國大革命的恐懼，以及由此組成的反法同盟，拿破崙用徵兵制解決了問題。一七九三年，法國國民公會頒布《法國全國總動員法令》（*General Mobilization Law of France*），規定十八歲至二十五歲的所有男性公民必須參軍。一七九八年，法國頒布了正式的徵兵制度，並擊退了反法同盟。

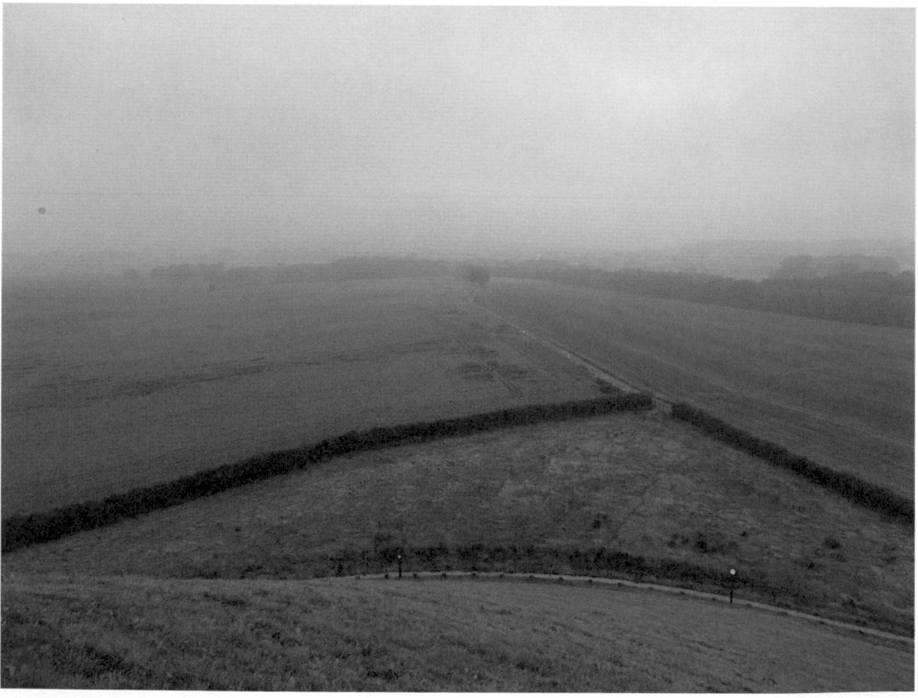

▲ 滑鐵盧的土丘。登上土丘憑欄遠眺，整座戰場盡收眼底。

不過，拿破崙推行徵兵制，更多是從人手層面考慮，即希望擁有更多的兵力，財政方面的受益只是附帶，或者說無心插柳。從拿破崙的一生來看，他從來都不是理財專家。之所以說拿破崙「曾在一定程度上解決了錢的問題」，是因為徵兵制只能短期省錢，卻不能長久的解決問題。或者說，徵兵制可以解決防守問題，卻無法徹底解決進攻問題。

儘管拿破崙的軍隊曾馳騁歐洲，但背後的軍費問題一直是一座沉重的大山。一旦涉及全歐作戰，武器、糧食和運輸的花費將是一筆大文數字，但拿破崙對此可沒有任何解決辦法。

《世界小史：從金錢暗流中看懂國家興衰》中提到，其實只要拿破崙有一點經濟頭腦，這個問題並不難解決。要知道，在當時的法國附屬國中，恰恰有大名鼎鼎的荷蘭王國，它的阿姆斯特丹就是當時的世界金融中心。只要運作得好，阿姆斯特丹就可以為拿破崙提供足夠財源。

拿破崙不但沒這樣做，還對阿姆斯特丹的金融家們施以高壓，導致許多人逃往倫敦，使得倫敦成為新的金融中心，從而也奠定了英國的未來經濟霸主地位。

拿破崙搞不了金融，就只能靠一些「笨招」。他先是向領地收取賠償金，但一來杯水車薪，二來得罪人。接著又把法屬北美殖民地路易斯安那，以一千五百萬美元的低價賣給了美國，這塊土地涵蓋了當下美國的十五個州，相當於美國國土面積的二三%。這樣還不夠，拿破崙只能再恢復被法國大革命廢止的鹽稅。

與此同時，拿破崙最大的敵人——英國人是靠什麼積攢軍費的？稅制改革、發行國債。一比較，高下立判。

其實作為大陸國家，在大航海時代後，法國人被歐陸爭霸所羈絆，無法像英國人那樣專注海外擴張和貿易，本就失去先機。而且，因為歐洲各國錯綜複雜的關係，法國的爭霸成本極高，回報卻極低。即使以拿破崙的天縱之才，一次次帶領法國獲勝，但在與反法同盟的車輪戰面前，終究有被拖垮的一天。

相較之下，英國人的情況好得多。有數據顯示，十七世紀末的一百年裡，法國的稅收是英國的兩倍。在稅收之外，法國人唯一的辦法就是借款。英國人則不同，理財手段多樣，光是英格蘭銀行（Bank of England），就比對岸的法蘭西銀行早了一百多年。

拿破崙並非不知道英國人的財政優勢。他曾推行「大陸封鎖」政策，「要用陸地的力量征服海洋」。他的大陸封鎖政策，固然使得英國遭遇沉重打擊，一八一一年的棉紡織業縮水四成，英格蘭銀行儲備金大減，但對於歐洲其他國家來說同樣是沉重打擊，以至於反法同盟力量日漸壯大。

從財政角度來說，拿破崙的失敗是必然的。如我眼前的滑鐵盧，就是這個失敗者的最後輝煌一刻。

那座四十公尺高的山丘，其實出自人造，名為獅子丘（Butte du Lion，見左頁圖），得名於山丘頂部那座重達二十八噸、面向法國的鐵鑄獅子像。據說，獅子像是以當年散落戰場的加農炮為材料鑄成的。當年，小丘所在處是荷、比軍隊將領奧蘭治親王（Prins van Oranje）受傷之處，一八二六年，荷蘭國王威廉一世（Willem I）下令修建紀念丘，以紀念陣亡將士。

登上兩百多級臺階的土丘，若天氣良好，肯定連布魯塞爾都可眺望。日血腥戰場，如今宛若童話，不僅滑鐵盧如此，整個歐洲都如此。

相較於土丘，威靈頓紀念館就顯得毫不起眼。那棟兩層小樓曾是聯軍指揮部所在地，威靈頓將軍就是在這裡運籌帷幄，贏得了一場經典戰役。也是在這一場戰役後，威靈頓被授予滑鐵盧親王一世稱號，並受封了滑鐵盧周邊一千零八十三公頃的森林和土地。不

▲ 獅子丘上的獅子像，據説是以當年散落戰場的加農炮為材料鑄成的。

過，作為這場戰役的勝利者，威靈頓的紀念館遠離人們關注的焦點。大多數遊客甚至根本不會去探訪，或者說，很多人根本不知道這個名字。

在大多數人的認知裡，滑鐵盧就等於拿破崙。正如雨果所說：「失敗反而把失敗者變得更崇高了，倒了的拿破崙彷彿比立著的拿破崙更高大。」滑鐵盧就說明了這一點。在這裡，沒有威靈頓的雕像，卻有一座拿破崙的銅像。

在土丘之下，是滑鐵盧戰役博物館，展示著各種文獻資料。博物館的最下面一層，是描述戰役全景的巨幅油畫。這幅高十二公尺、長達一百一十公尺的環形油畫，早在一九一二年便在此展出。配上模擬的戰馬嘶鳴聲、槍炮聲和號角聲，確實讓人有身臨其境之感。

這場戰役後，歐洲被改變，世界也被改變。

比利時篇

18 蒙斯鐘樓，獨立與自由的象徵

距離比利時布魯塞爾僅五十多公里的蒙斯，是一座小巧的中世紀古城。其老城地勢起伏，遍布老房子，漫步其間，還有點與世隔絕的味道。當我開車經過近郊時，才發現這裡有不少工廠。查了資料後才知道，它不但是比利時最重要的交通樞紐之一，還是比利時南部工業最為集中的城市之一。二〇一五年，它獲得「歐洲文化之都」的稱號。

我當時停車之處是一段上坡石板路，兩側都是老建築。沿路前行，從上坡走到下坡，就可以到達老城的中心——市政廳廣場。

有意思的是，在這段石板路上，有一個龐大的創意裝置，散亂的木條搭成鳥窩狀，遮蔽了老街的天空。從木條的間隙看旁邊的老教堂，實在給人一種古典與現代交織的奇妙感覺。

見慣了歐洲城市的老廣場，蒙斯的市政廳廣場即使再古樸迷人，也很難讓我激動。不過驚喜隨即出現，就在市政廳前，有人正在舉行婚禮。

蒙斯的市政廳外牆斑駁，承載著歲月的痕跡，灰瓦組成的斜頂上有帶綠柱廊亭的鐘樓。如果你熟悉歐洲建築風格，就會發現這棟市政廳建築是融合的產物。建於十三世紀的它，在此後幾百年間歷經改建，所以，原本哥德式風格的主體建築立面，就這樣混搭上了文藝復興風格的鐘樓。

這座又名和平之家的市政廳，承載著蒙斯人的夢想。其實，蒙斯這座歷史悠久、手工業一度十分發達的繁榮都市，歷史上曾多次遭戰爭侵襲。

最著名的一場戰役當然是蒙斯戰役（Battle of Mons）。它爆發於第一次世界大戰期間的一九一四年八月二十三日，也是英軍參戰之始。當時，英軍在蒙斯附近布防，試圖阻止德軍。在付出慘重代價後，終於守住陣地，幫助比利時軍隊和法國軍隊成功集結，最終確保了第一次馬恩河戰役（First Battle of the Marne）的勝利。到了第二次世界大戰期間的一九四〇年五月，蒙斯遭德軍轟炸，諸多歷史遺跡化為灰燼。

歷經劫難的蒙斯人，又怎會不期望和平呢？

如今的老廣場上，遍布舊時建築，不同時代與風格的建築雜陳，咖啡廳和餐廳林立。城市以老廣場為中心，一條條石板路向四周發散。廣場上的噴水池，每隔一段時間就會「綻放」，成為孩子們的嬉戲之所。

市政廳前正好有婚禮在舉行。一對新人，攜手在石板路上走過。觀禮親友衣著各異，有人莊重，有人隨意。大家交談、擁抱，古樸市政廳的哥德式拱形窗和雕飾都成了他們的背景。這動人的場景在歐洲常可見到，可在我們看來，總是感覺新鮮與溫馨。

市政廳背後是座小山，依舊是石板路，兩側都是民宅。沿坡而上，就可見到蒙斯的制高點——蒙斯鐘樓（Beffroi of Mons，見左頁上圖）。

八十七公尺高的蒙斯鐘樓修建於十七世紀，當年除了報時用，還曾經用作監獄。從鐘樓內部的石階和木梯爬上去，就可以見到那座大鐘，它在一個個複雜的齒輪的傾力配合下，為這座城市報時。

鐘樓的中庭有一套類似谷歌街景的系統，可以在一個個大螢幕上播放整座老城。對照著大螢幕去看窗外的老城實景，成了我們樂此不疲的遊戲。

眼前的蒙斯老城，一如舊時，見不到任何高樓和現代化建築，密密麻麻的斜頂組成了一個童話世界。在富庶的比利時，蒙斯當然不會例外，走到任何一個角落，都可以感

▲蒙斯鐘樓高 87 公尺，雨果曾形容它：一個巨大的咖啡壺，矗立在周圍四個較不胖的茶壺之上。

▲蒙斯鐘樓內景。

受到它的安逸。

這一切，都與鐘樓有關。比利時有很多鐘樓，它們與法國鐘樓一起，共計五十六座，集體被列入世界文化遺產。這些鐘樓不但有守望和報時功能，還象徵著市民社會的形成。在歐洲，鐘樓誕生之初就是獨立和自由的象徵，是市政議員獲取自治權力的標誌。我們所見到的現代文明，就是這樣一步步走來的。

站在鐘樓前的草地上，剛好可以看到大教堂的屋頂。鐘樓背後的自治傳統、教堂所代表的信仰，與蒙斯如今的富庶安逸，就是如假包換的因果關係。

荷蘭篇

19　世界最美村落，荷蘭羊角村

相信如果你曾在網路上搜索「世界最美村落」之類的推薦文，荷蘭的羊角村（Giethoorn）總能入圍。在我去過的村子中，它確實是當之無愧的第一，美到不似人間。這裡小橋流水，一戶戶人家靜靜佇立於一個個小島上，家家戶戶都自帶大花園，綠意盎然，百花盛放，安靜中自帶悠然。不過，描述羊角村美景的文字已經太多，今天要說的不是景色，而是規劃。

羊角村之名還真的來源於羊角。

最早是一群煤礦工人定居於此，挖掘工作使得當地形成了星羅棋布的水道和湖泊。在挖煤的同時，工人們還在地下挖出許多羊角，據考證是來自十二世紀在此生活的野山羊，於是便有了羊角村之名。

開車來到羊角村，車子必須停在村口停車場處，然後步行進村。因為村子遍布水道和小橋，道路也僅限步行或騎行，車子根本開不進來。

村中的房舍很有特色，屋頂都由蘆葦編成，據說十分耐用，不僅能防雨防晒，還能保持屋內冬暖夏涼（見下頁圖）。也正因此，蘆葦這種當年買不起磚瓦的窮人才用的材料，如今價格反而是磚瓦的幾十倍。這個舊時煤礦工人的居住之地，如今地價在荷蘭也是數得著[10]的，所以不少居住者都是有穩定職業和優厚收入的中產階層。

外行看熱鬧，內行看門道。在大量「新農村」的研究中，羊角村都是標誌性樣本。要知道，這個村落原本並不適合居住。煤礦兩字本身就自帶灰頭土臉效果，過度挖掘使得土地貧瘠，而且泥潭沼澤密布，除了蘆葦之外，其他植物很難生長。當煤礦開採殆盡後，只留下被反覆開鑿過的土地，還有一道道狹窄溝渠。即使人們為了行船，將溝渠拓寬，改造為運河，羊角村的格局也沒有太大變化，景色更是比不上一般的荷蘭運河城鎮。

可就是這樣的先天不足，居然造就了一個世界最美村落。羊角村是怎麼成為「新農村」樣本的？

▲羊角村房子的屋頂很多都是由蘆葦編成，冬暖夏涼、防雨耐晒。

▲羊角村導覽影片。

我們知道，近年來體驗農村生活很熱門，很多人喜歡標榜原生態，喜歡嚷嚷「古舊味道」。其實我個人很討厭這種說法，因為在大多數時候，所謂原生態就是落後和髒亂差。至於古舊味道，很多人都會說自己特別喜歡綠皮火車[11]，可是一九八〇年代綠皮火車的粗糙骯髒，尤其是那簡直無從下腳的廁所，真的是美好記憶？

鄉村也一樣，以往的中國鄉村即便有美麗的老建築，各種旱廁[12]、糞便和垃圾也讓人難受，並不具備旅遊條件。反倒是近年來經濟狀況轉好，一些鄉村改善了基礎設施，才具備了鄉村旅遊的條件。

換言之，最美村落的形成，絕不是某些人理解的「保持幾百年前的樣子不變」。它首先應該跟得上時代，起碼應該宜居。判斷是否宜居的標準很簡單：一個現代人能不能選擇在這裡長住？如果那些嚷嚷著喜歡原生態的人只是來旅行兩天，住三天就叫苦連天，那可就是葉公好龍[13]了。

所以，最美村落的基礎是經濟。如果經濟不發展，那麼原生態就等於落後。那些喜

10　比較突出或算得上標準。

11　指一九九〇年代之前運營的火車，曾是中國鐵路客運的主力，車身為深綠色，票價低廉，是農民工、低收入者出行的首選。

12　一種藉著在地下挖洞從而能儲藏糞尿的廁所。這類型的廁所，通常沒有沖水設備，或只儲備一到三公升的水來沖馬桶。

13　指古人葉公以喜歡龍聞名，但真龍下凡到他家，他卻被嚇得面無人色。比喻所好似是而非，以致表裡不一，有名無實。

歡把原生態掛在嘴邊，旅行兩天就走，留下一堆垃圾的獵奇者，憑什麼要求「保持原生態」，讓村民們長期生活在落後之中？

荷蘭經濟高度發達，貧富差距和城鄉差距極小，羊角村的發展自然具備了經濟基礎。儘管村子遍布水道，但河水極其清澈，河面倒映著房舍，路面之外全部有植被覆蓋，遍布鮮花，加上歐洲式的藍天白雲，田園風光真令人迷醉。

沒錯，讓人心生「在這裡長住該有多好」的念頭，是最美村落應有的「素質」。

凡是去過歐洲的人，都會對歐洲（尤其是傳統西歐）的農村很有好感。童話般的房屋、密集的綠化、規整的道路，還有藍天白雲……都是最基本標準。

美麗農村可不僅取決於經濟基礎，還跟規劃有關。已開發國家各有各的模式，但有一條共同的重要準則：不僅考慮居住的面積、舒適度和基礎建設，還將整個鄉村置於大景觀範疇下，將自然風景、園林等元素與鄉村風貌、水土管理等結合在一起，達到「藝術化鄉村」的效果。

經常看到有人誇讚歐洲人的審美，比如「陽臺上的花真好看」、「市場裡蔬果的擺放太美了」、「店家招牌和櫥窗太漂亮了」，還有農村隨處可見的小花園，都是美的代名詞。但歐洲人都是藝術家嗎？都是藝術院校科班出身嗎？當然不是。那為什麼他們能有相當不錯的審美能力，可以讓生活中的一切都變得精緻？這跟日常的耳濡目染分不開。而讓他們耳濡目染的環境，就是政府所保護的自然環境，和所打造的宜居環境。

早在一九五〇年代，荷蘭的風景園藝師就開始參與鄉村規劃工程。這些鄉村規劃工程都是置於荷蘭土地資源整合的運作體系之下的。相較於平原較多的德國和法國等國，荷蘭的農村規劃難度大得多。這是因為荷蘭運河太多，水道使得陸地支離破碎。與此同時，傳統農業已經轉向機械化、集約化和專業化，機械化操作使農民可以耕作更多土地，過多水道導致的土地碎片化，必然造成機械化運作的障礙。

因此，早在二十世紀初，荷蘭政府就開始在農村啟動土地整合。一九二四年，荷蘭頒布第一版《土地整理法》（*Land Consolidation Act*），旨在改善農業土地利用，促進農業發展。其中最重要的環節就是土地置換，使土地相對統一，減少過度零碎導致的開發困難。一九三八年，荷蘭頒布第二版《土地整理法》，大方向不變，但簡化了辦事手續，並給予農民們財政補助。

當然，這兩次法案的頒布，主要目的是發展農業，並未將鄉村景觀列入規劃。因此在農業得到發展的同時，景觀卻遭到了一定的破壞。

一九四七年，荷蘭頒布《瓦赫倫島土地整理法》（*Walcheren Land Consolidation Act*），從簡單的土地重新分配轉向更為複雜的土地發展計畫。一九五四年，荷蘭頒布第三版《土地整理法》，除了繼續推動農業外，也開始重視園藝、林業和養殖業。也是在這一版中，明確規定了景觀規劃必須作為土地整理規劃的一部分。也正是在此之後，風景園藝師這一行業成為鄉村規劃體系中的重要力量。

一九七〇年代，荷蘭社會開始正視經濟發展帶來的環境問題，呼籲保護歷史和生態景觀。一九八一年，荷蘭政府頒布《鄉村發展的布局安排》（*Structure For Rural Area*

Development）法案，該法案與此前頒布的《戶外娛樂法》（*Outdoor Recreation*）和《自然和景觀保護法》（*Nature And Landscape Preservation*）構成此後二十年荷蘭鄉村發展的法律依據。此後，自然和歷史景觀的保護被置於與農業生產同等重要的地位。

在這個過程中，融合自然景觀保護和旅遊休閒的羊角村，就是荷蘭鄉村規劃的經典案例。下節我們將透過羊角村與白村來講述荷蘭人是如何做鄉村規劃的。

荷蘭篇

20　白村，時光在這裡暫停了

在很長一段時間裡，羊角村因為土地貧瘠、河道過多，且被眾多溼地阻隔，交通不便，又遠離大都市，一直未能享受荷蘭經濟發展的紅利，甚至最後淪為一座依靠傳統農業艱難度日的孤島。

據資料記載，一九六九年，羊角村開始籌備規劃事項。一九七四年，當地的土地開發委員會成立，制定了土地開發規劃。規劃確定了農業生產用地和自然保護用地，也確定了水道的用途和道路的建設方案。

在這個過程中，羊角村體現出荷蘭鄉村建設中最重要的一點：自下而上，鄉村多元共治。通俗的說，就是居民不僅是鄉村建設的主力，還是景觀的塑造者、環境的保護者、利益的共用者。

羊角村直至今天，它仍然是一個由絕大多數農民和一些中產階層新住戶組成的村落。在這裡土地是居民的，房舍是居民的，花園是居民的，河道是居民的……為了保護私有財產，居民們會主動保護村落，並維持固有風貌。

喜歡以腳步丈量所到之處的我，自然更喜歡在羊角村步行。當然也有不少遊客選擇坐船遊覽。走在小路上，不時可見運河上的小船慢慢駛過。即使是在歐洲司空見慣的遊船，羊角村也費盡心思打造精品。目前羊角村所用的遊船，是當地特有的「耳語船」。它是一種傳統的平底船，船體開放，最寬不過一公尺多，船尾配備一個無聲電動馬達，透過方向盤控制，行船悄然無聲（見第一百七十六頁圖）。這種船靠電池驅動，每次可以行駛六至八個小時。它不但小巧無聲，操作也簡易，因此不需要配備專業舵手，遊客很容易上手。

最初發展旅遊業時，羊角村曾採用人力平底船和獨木舟。二十世紀中葉，隨著技術進步，羊角村開始採用燃油機電船。到了一九七〇年代，羊角村開始使用新型儲電電動船，也就是現在的耳語船。在很長一段時間裡，這三種船在羊角村同時存在。

一九九二年，高頻率燃油機電船進入羊角村，雖然這種船時速可達五十公里，但噪音極大，引起了遊客與居民的多次衝突。羊角村在反覆徵詢居民意見後，最終決定禁止燃油機電船進入羊角村水道，遊船都使用耳語船。

如今的羊角村裡十分安靜，你能聽到的聲音，就只有流水聲和鳥叫聲。在這個村落裡，你能體驗到的夜生活不過是區區幾家安靜的酒吧。這裡僅有一、兩間工藝品商店，而且迥異於一般的旅遊紀念品商店。沒有任何人吆喝招攬生意，也沒有任何「走過路過不要錯過」的標識。

就是這個安靜的小小村子，每年接納八十萬名國際遊客，占荷蘭這個旅遊大國的國際遊客總人數的五%。其中，喜歡小橋流水的中國遊客尤其喜歡羊角村，每年造訪荷蘭的三十萬名中國遊客中，三分之二都會到訪羊角村。有人估算，光中國遊客，每年就為羊角村所在的上艾瑟爾省（Overijssel）創造了兩千九百萬歐元的經濟效益。

中國遊客熱愛羊角村，一方面是小橋流水的情懷使然，另一方面也跟羊角村的運作有關。二〇一五年，羊角村針對華人旅遊市場推出《你好，荷蘭》紀錄片，透過一個華人女孩尋找「世外桃源」的經歷，展示羊角村風情。該紀錄片隨即使羊角村成為「世外桃源」的代名詞，也成為中國人眼中的網紅村。

當然，身為網紅村，羊角村這兩年也曾抗議過中國遊客。要知道，雖然羊角村在中國旅遊市場名氣很大，但以荷蘭社會的經濟自由度和高福利狀況，羊角村即使沒有旅遊業，當地居民的生活水準也會很高。也正因此，他們即使看重旅遊業帶來的收入，也不會容忍旅遊業打破自己平靜的生活狀態。他們對中國遊客的指責與歐洲許多城鎮相似，他們認為中國遊客往往將羊角村視為博物館，隨便進入住戶的院落，甚至趴在窗子上對著屋裡拍照。

這讓我想起了在奧地利網紅小鎮哈修塔特（Hallstatt）見到的情景，當地人在鎮內幾個地方掛出中英文告示，表示哈修塔特不是博物館，請遊客不要進入私家花園，不要大聲喧嘩、亂扔垃圾。在這些告示裡，中文在前，英文在後，更像是對不認識中文的西方遊客的解釋。但告示中卻沒有日文、沒有德文、沒有韓文、沒有法文……。

荷蘭鄉村規劃的另一個典範是白村。

白村的四周是大片草地與原野，草地上有一棟非常大的宅邸，古樸粗糲，斜頂紅

▲門前停放有耳語船的羊角村房屋。

瓦，主建築與後面的平房連為一體，莊園平整，是典型的荷蘭田園風情。起初看不到正面，只能猜測其格局，想必主建築住人，後面的平房當作工作室和倉庫。在歐洲旅行，我最喜歡猜測這些宅邸的內部結構，就像童年時喜歡在青島老城區的一個個歐式老庭院裡探險那樣。

走到正面才發現建築所圍繞的庭院也不小，其中部分作為餐廳使用。在庭院裡的露天桌椅上喝杯咖啡，眼前的荷蘭鄉間景緻就是最好的陪伴。

後來才知道，這棟建築叫做大海赫要塞農舍，得名於旁邊的大海赫湖。不過最特別的還是它的土黃色外牆，放在別處平平無奇，但在建築牆身普遍為白色的白村，可就搶眼了。

白村其實只是個「外號」，這裡的真名叫索恩，是荷蘭林堡省的一座小城鎮，

▲ 索恩的建築牆身普遍為白色，所以有白村的外號。

▲ 白村導覽影片。

僅有兩千多人口。

為什麼建築都是白色？我聽到的說法可不少。

一種說法是十八世紀末，法國人占領此處，要求居民按法國規矩繳稅，即以房屋窗戶的大小和多少作為繳稅的依據。很多居民為了減稅，便將窗戶封住，然後又重新粉刷牆壁，且大都選擇了白色，並保留至今。

還有一個主流說法，說的是索恩曾是一個小公國，有一位女貴族在這裡創辦了一座貴族女子修道院，教授貴族女子禮儀和知識。為了表示對修道院的敬意，當地居民將房子刷成了象徵純潔的白色。

其實，不管什麼原因，這座不通火車、地處偏僻的白色小鎮都很值得一來。在城外的停車場，我看到了幾輛旅行巴士。歐洲旅行團基本是老人團，只見他們成群結隊走向城鎮中心，一路優哉遊哉，倒是很契合白村的氣質。像我這樣的自駕遊者不多，畢竟白村的名氣並不大。

走在城鎮中，隨時可以聽到「框啷」聲，那是自行車和地面上的鵝卵石碰撞的聲音。白村人像其他荷蘭人一樣喜歡騎行，道路上乃至住宅的庭院裡都鋪滿了來自默茲河的鵝卵石。這些鵝卵石顏色各異，組成各種圖案。

城中的最高點是聖米迦勒教堂，它的前身就是那座建於一一五〇年左右的本篤會女子修道院。這座修道院曾幾經改建。十八世紀時建造的巴洛克風格的大廳、祭壇和唱詩臺保留至今。一八六〇至一八八〇年間，教堂終於定格為今天的模樣，尤其是塔樓頂端的部分，就是當時修建的。如今教堂裡有一個小展廳，展出當年女子修道院時期的物件，比如貴族少女們的手工縫紉和日常用品。

當年的閒適愜意保留到了今天。教堂前的葡萄園廣場是白村的中心廣場，兩側都是素淨的白色房子，夏日午後極為安靜。不過與其說這裡是廣場，倒不如說是一條寬闊的道路，不時有騎行者經過，地上的鵝卵石圖案正是白村的城市標誌。

當然，白村並非只有白色，幾乎所有房舍的窗臺上都種滿了花，尤其是紅色的天竺葵，在白牆襯托下顯得尤為鮮豔。許多房舍的牆角都擺滿了花和陶塑，精緻可喜。最美妙的當然是帶庭院的房舍，小院裡種滿了花，最多的當然是歐洲人最喜歡的繡球。並不算多的餐廳，總是坐滿了喝咖啡晒太陽的人。店鋪也不多，而且多是陶藝和鐵藝店，成品相當古樸精美。

一道道白牆和一條條鵝卵石道路，就是白村的全部。「一個時光停頓的地方」，儘管這個形容很俗套，但用在白村身上卻很恰當。

荷蘭篇

21 填海造地，馬爾肯孤島變小島

雙向兩車道，厚實的柏油路，一直向遠方延伸。這樣的道路在歐洲平淡無奇，卻能讓我們驚嘆不已。原因很簡單，道路兩側都是一望無際的湖水，我們其實是行駛在一條堤壩上。當然，道路兩側的愛塞湖，原本不是湖，而是海。只是荷蘭人世世代代的圍海造田，才將這裡變成淡水湖。

我們的目的地是馬爾肯，它最早與大陸相連，但在一一六四年的一次強大潮汐作用下，該城漂移為海中小島，後來又變成湖中小島。這道堤壩將馬爾肯和陸地連在了一起。我們除了乘船前往之外，還可選擇開車。當然，也可以騎自行車，一路上我們見到不少騎行者。對於熱衷自行車旅行的荷蘭人來說，從阿姆斯特丹到馬爾肯的幾十公里距離，絕對是小兒科。所以，在小城入口的停車場，既有密密麻麻的汽車，也有一輛輛自行車。

停車場旁邊的那座小橋，就是馬爾肯的入口。這座貝婭特麗克絲橋，名字源於荷蘭的貝婭特麗克絲女王（Beatrix Wilhelmina Armgard），橋頭的白色拱門則是典型的荷蘭樣式。

▲馬爾肯是典型的荷蘭濱海鄉村面貌。院落或大或小，都有平整草地和鮮花。

▲馬爾肯碼頭停泊著一艘艘私人帆船。

▲人們坐在碼頭前餐廳和咖啡廳享受著愜意的風。

這個小村落也是典型的荷蘭濱海鄉村面貌，一棟棟紅瓦斜頂的房舍沿縱橫村中的運河而立。第一層的外牆多半是紅磚，第二層的外牆為綠色、紅色、棕色或藍色。院落或大或小，都有平整草地和鮮花。這裡乾淨整潔，小屋宛若童話，村旁的大草地上，一頭頭牛無比悠閒。

馬爾肯肯定不是荷蘭最美的村落，但小島的「身分」給它加了分。在這個大陸以外的地方，它悠閒乾淨如同夢幻。在這個即使隨意蹓躂也會很舒服的小村裡，每個人都會放慢腳步。但人流總會指引你，或是一路向東北，或是一路向西。

向東北走，會經過以荷蘭王后麥克西瑪（Queen Máxima）之名命名的麥克西瑪橋。這裡通往小村的制高點——凱爾克比特教堂（Kerk van Kerkbuurt），而這一帶正是小村最美的街區。

若是向西，則可前往港口。這是馬爾肯最具魅力的地方，停泊著一艘艘帆船。這些船隻都是私人所有——一個荷蘭人擁有一艘船，似乎是並不難實現的夢想。人們在海上、湖上駕船來到馬爾肯。湖邊有一排斜頂房舍，都是餐廳和咖啡廳，人們坐在門口或湖邊，享受著愜意的風。

這座小島是荷蘭多年努力的見證。對於這個與海爭地的國家來說，馬爾肯與陸地相連的堤壩，並非什麼大工程，卻讓這座夢幻小島回到人間。在這片土地上，宜居的氛圍真真切切，人們的每一分努力也都實實在在。

荷蘭篇

22 海洋與城市完美共存的典範

在旅途中，你有沒有遇到過那種原本打算順道一遊，結果來了就不想走的地方？在荷蘭，唯一讓我有此感覺的就是恩克赫伊曾。

荷蘭國土面積不大，城市化程度又高，因此地圖上的城鎮星羅棋布。從一座城市到另一座城市，往往只有二、三十公里車程，最適合我等自駕遊者一路玩下去。恩克赫伊曾位於北荷蘭省，我從埃丹出發前往霍倫時，就將之列為途經地，打算順道一遊，結果卻是滿滿的驚喜。

這座小城曾是荷蘭最富庶的城市，也是十七世紀荷蘭黃金時代的重要港口。一六〇二年，荷蘭東印度公司成立，成為荷蘭海外貿易的「指揮棒」，它的六個辦事處就分別設在阿姆斯特丹、台夫特、鹿特丹、米德爾堡、恩克赫伊曾和霍倫，由此可見恩克赫伊曾的地位之顯赫。

時至今日，海上馬車夫的輝煌已煙消雲散，恩克赫伊曾也已蛻變成一座宜居城市。導航指引著我，一直駛入恩克赫伊曾。老實說，這一路上我並無太多期待，因為駛出高速公路後，是一段兜兜轉轉的小路，看起來相當偏僻。不過一個轉彎之後，倒是迎來驚喜，眼前是一片開闊的停車場，沒停幾輛車。停車場面對著愛塞湖——這個曾是北海一部分的大湖。

湛藍的湖面與藍天在遠處相接，幾艘船停靠在岸邊。對我們而言，這算是小小的驚喜，想不到的是，更大的驚喜還在後面。

沿著停車場旁的一段沙土路前行，兩分鐘就能走到遊客中心。從某種意義上來說，遊客中心是恩克赫伊曾城的入口。一入城，就是恩克赫伊曾的港灣，長方形的港灣，三面種滿樹木，面向愛塞湖。陽光灑在湖面上，一艘艘船隻停靠在港灣內。有人坐在堤岸上，守著自家的船晒太陽，一副日子快樂賽神仙的模樣。這樣的風景再加上白色的船、綠色的樹、藍色的湖水與藍色的天，簡直是絕配。

繞著港灣蹓躂，老城與遊客中心隔灣相對。老城中遍布灰牆紅瓦的老房子，外表光鮮，年頭卻長，多是晚期哥德和文藝復興風格，基本都是當年商人所建的豪宅。尤其是運河邊上，幾棟宅邸面河而立，院落裡種滿花木，房舍臨河一面有拱廊，十分愜意。還有一個突出的半島，綠草如茵，上有幾戶人家，有人在岸邊長椅上享受日光浴。

小城裡最漂亮的是一條沿運河的弧形街道，也就是主街。老房子極為精美，多半是餐廳和咖啡館。運河邊也停滿了船隻，見證著小城的富庶。柯克韋斯特教堂就在附近，這座哥德式教堂有三個正廳，內有精美木雕。

這些街道與港灣，環繞著一片大草地，這也是小城裡最大的綠地。綠地上那棟橢圓形的堡壘很有意思，它是恩克赫伊曾的地標（見左頁下圖）。堡壘下方有一道城門，孩

▲ 在晒太陽的荷蘭人。

▲ 荷蘭恩克赫伊曾的橢圓形堡壘。

子們最愛從這裡呼嘯而過。

漫步城中，處處可見昔日富庶。在荷蘭壟斷海上貿易的時代，恩克赫伊曾依靠運輸香料、武器和橡膠而繁榮，一度不亞於阿姆斯特丹。不過，一六二五年後，恩克赫伊曾波折不斷，尤其是瘟疫爆發後，人口銳減，導致港口蕭條。自從阿夫魯戴克大堤（Afsluitdijk）建成後，恩克赫伊曾更是失去了海港功能。

但恩克赫伊曾並未就此沉淪，而是逐漸轉型為一個深受旅行者青睞的宜居城市。走在小城中，藍天之下只有美好。

實際上，恩克赫伊曾的宜居十分難得。從先天條件來說，恩克赫伊曾簡直是荷蘭的縮影。它有九〇％的面積位於水下，在總共一百一十六平方公里的面積中，僅有十二・四平方公里為可用地。也正因此，對於居民而言，停船要比停車更容易。但經過一代代恩克赫伊曾人不斷的努力，終於讓這座城市變得宜居。

從這一點來說，恩克赫伊曾堪稱海洋與城市完美共存的典範。

比利時篇

23 再也沒有硝煙的那慕爾要塞古堡

你會如何選擇與一座城市的初見？大多數情況下都是選擇進城吧。在那慕爾（Namur），我相信你的選擇一定是上山之後居高臨下的眺望。

距離布魯塞爾僅六十公里的那慕爾，是比利時那慕爾省的首府。它坐落於默茲河與桑布林河（Sambre River）交匯處，是一座非常典型的比利時古城。一座座中世紀樣式的房屋緊緊相依，組成一條條街道。在「顏值極高」的比利時，那慕爾的古樸街道遠遠算不上最美。反倒是在山頂上眺望，那密密麻麻的鐵灰色屋頂整整齊齊的，更具美感。

那慕爾的山頂很有意思，沿著盤山公路而上，能看到不少景緻。比如半山有一座私人古堡，它並無院門，沙土路蜿蜒而上，白牆黑瓦，一派幽深。山頂處有一片平整的沙土廣場，還有看臺，除了普通臺階的看臺之外，也有迴廊庭院式的「豪華看臺」，想必這裡曾是城堡的跑馬場。

山頂還有一家酒店，石砌外牆古樸，裝修豪華，門口鮮花雅致。另外這間餐廳還可俯瞰老城，可算是那慕爾當地最好的酒店。我們在途中還偶遇一座古樸宮殿，外觀大氣，灰瓦白窗，閣樓上的一個個小窗十分可愛，隱於密林之中，花園乃至入口道路都是沙土路，有隱居之感。如此規模的宮殿，當年必是貴族乃至國王的居所，只是不知如今作何用。

以上這一切都是以城堡為中心。那慕爾城堡（La Citadelle de Namur）始建於十二世紀，早期是用作軍事目的的碉堡，是城市防禦體系最重要的一部分。在盤山路上，碉堡聳立於路旁，和一道數十公尺高的石頭拱橋相連，拱橋橫跨道路，頗有氣勢。

這座城堡在冷兵器時代也是歐洲最堅固的堡壘之一，大有「一夫當關，萬夫莫開」之勢。因為戰略地位重要，從中世紀直至兩次世界大戰，那慕爾都是兵家必爭之地。

有城堡，自然有城牆。那慕爾城堡的城牆尚有遺址，沿山而立。

▲鳥瞰比利時那慕爾古堡。

如今，它當然不再與外界隔絕。一道當年的側門，如今已無沉重大門，變成了一條出入隧道，透過吊橋與山坡相連，成為遊人的必經之路。不過，我們在穿越這短短的隧道和吊橋時，聽到背後居然有喇叭聲，回頭一看，原來是登山小火車。

如果不選擇自駕到山頂再步行的遊覽方式，也可以從火車站乘坐接駁車到城堡，再搭乘小火車遊覽城堡，這估計是最方便的遊覽方式。

在山坡上的草地坐下，眼前遍布小花，山下的那慕爾城盡收眼底。這座城市並非聲名在外的熱門旅遊城市，但密密麻麻的建築和街巷，與中世紀別無二致，透出難得的安逸。小城背靠山巒，默茲河在城中流淌，有橋連接著兩岸。再往遠處看，三面都是山坡與綠地，有民宅散落其間。這也是比利時隨處可見的景緻，真是羨煞我輩。

城中並無高樓大廈，制高點當數教堂。其中最大的是聖歐平大教堂（St Aubin's Cathedral），這是比利時唯一一座晚期巴洛克風格的教堂，但其仍保留著原有的羅馬式塔樓。綠色圓頂在整座城市的黑瓦屋頂中顯得十分出眾。最高的要算聖盧普教堂（Eglise catholique Saint-Loup）的塔樓，這座始建於一六一〇年的教堂，以巴洛克風格著稱。

漫步城中，若無那些光鮮亮麗的店面，每一條街巷都彷若舊時模樣。這是一座對行人極其友好的城市，你總能在角落裡發現驚喜。

在旅途中，若是不走尋常路，常常可以遇見這種罕有遊客的城市，也更能窺見當地人的生活。比利時宜居的一面，就藏在這些城市裡。

比利時篇

24 世界最小城市，只有四百五十戶

你知不知道世界上最小的城市在哪裡？

要回答這個問題，首先得搞清楚「城市」的概念。在城市發展很早、城市化高度發達的歐洲，城市可謂星羅棋布。不過除了少數幾個超級大都市之外，大多數歐洲城市都很小，人口和面積甚至比不上中國的一個縣城。比如極其發達的德國，百萬人口以上的城市僅有三個，大多數城市的人口都在八萬到十萬之間。

也正因此，許多中國人喜歡以「小鎮」代指歐洲城市。比如網路上常見的「最美的十個歐洲小鎮」之類的貼文裡提到的小鎮基本都是城市。二〇一八年作為《中餐廳2》[14]取景地而成為網紅地的科爾馬（Colmar），入圍了諸多標題為「世界最美小鎮」的網路文章推薦名單。但實際上，它是法國亞爾薩斯（Alsace）地區的第三大城市。

所以，別以為歐洲城市小就不叫它城市，在歐洲人看來，這也是如假包換的城市！比利時的 Durbuy，譯作迪爾比伊，號稱世界上最小的城市。

這座城市有多小？步行一圈大概二十分鐘，跑到山頂上往下看，還不如我們很多地方的一個廣場大，幾十棟房舍密密麻麻，就構成了主城區，城堡和教堂則與之一街之隔。稍遠處則有一些散落於小河旁與草地間的民宅，與主城區步行距離不過幾分鐘，但已是如假包換的郊區。至於人口，常住居民為四百五十戶。

城市雖小，可常年遊人如織。尤其是五月至十月的旅行旺季，小城周邊的停車場總是停滿了車，餐廳裡總是坐滿了人。這座山中小城之所以吸引遊客，是因為它

14　為湖南衛視推出的年輕合夥人經營體驗節目。節目由五位年輕合夥人透過二十天時間，從零開始經營一家位於法國科爾馬小鎮的中餐廳，互相協作並彼此關心和學習，在中餐廳內做出中國的味道。

▲從山頂上遠眺迪爾比伊城。

既有中世紀風情，又兼具自然景觀，成了比利時人的度假之所。前往迪爾比伊時，有一段長長的林間公路，十分幽深，讓人頗有探祕之感。去到迪爾比伊才知道，這座比利時南部小城原來正在阿登山區的山坳之中，四面環山，滿山蔥郁。

早在一三三一年，這座城市就已擁有城市自治權。眼前的石頭小城，自一八七〇年後就未曾改變過。被綠色山谷圍繞的它，所有建築都由石頭建成，灰白色牆身配上灰瓦斜頂，顏色十分素淡，完全不同於布魯日和安特衛普等大城市的華美和色調豐富。但也正是這素淡，與滿山綠色相得益彰。鵝卵石小路、狹窄街巷和石頭建造的老宅，共同營造著一種中世紀的景緻。

停車場旁的街角老宅，不但房子是石造的，院牆也是石造的，院牆中間是一座拱形石門，沒有鐵門也沒有木門，就這樣敞開著任人「參觀」。

停車場旁就是「火車站」——登山小火車的起點。來迪爾比伊，登山小火車是必選項目，一來可以途經全城，二來可以上山，看看迪爾比伊當地的「農民」生活。

小火車沿著蜿蜒山路而上，兩旁都是茂密樹林，偶有幾棟民宅。途經的城堡和教堂不大，但石灰瓦自帶莊重之感。到了山頂，又是另一番天地。

這裡的山頭並不陡峭，頂部十分平坦，面積反而比迪爾比伊的「城區」大多了。整個山頭綠草如茵，散落著一棟棟民宅。

這裡的民宅與山下截然不同，因為都是近些年興建的，外牆多為黃色、橘色和暗紅色，比山下的房屋鮮豔得多。房子外觀並不精緻，是典型的「歐洲農家」，但家家坐擁大花園和草地，甚至可以養馬，這鄉村生活實在愜意無比。

山頂還有一座鐘樓，是迪爾比伊的制高點。居高臨下，可見家家草地上都種有鮮花，有可供聚會、吃飯的桌椅，也有可供孩子嬉戲的小足球場，滑梯和吊床也是常備的遊樂設施。在這片民宅與樹林之間，有一片大草地，陽光下綠意盎然，有孩子在上面奔跑嬉鬧，儼然世外桃源。

在鐘樓上望向山下的迪爾比伊老城，更是賞心悅目。小巧的城市古樸精緻，若是沒有汽車，簡直就是中世紀的模樣。從旅行的角度而言，迪爾比伊沒有什麼名勝，但它確實接近天堂的樣子。

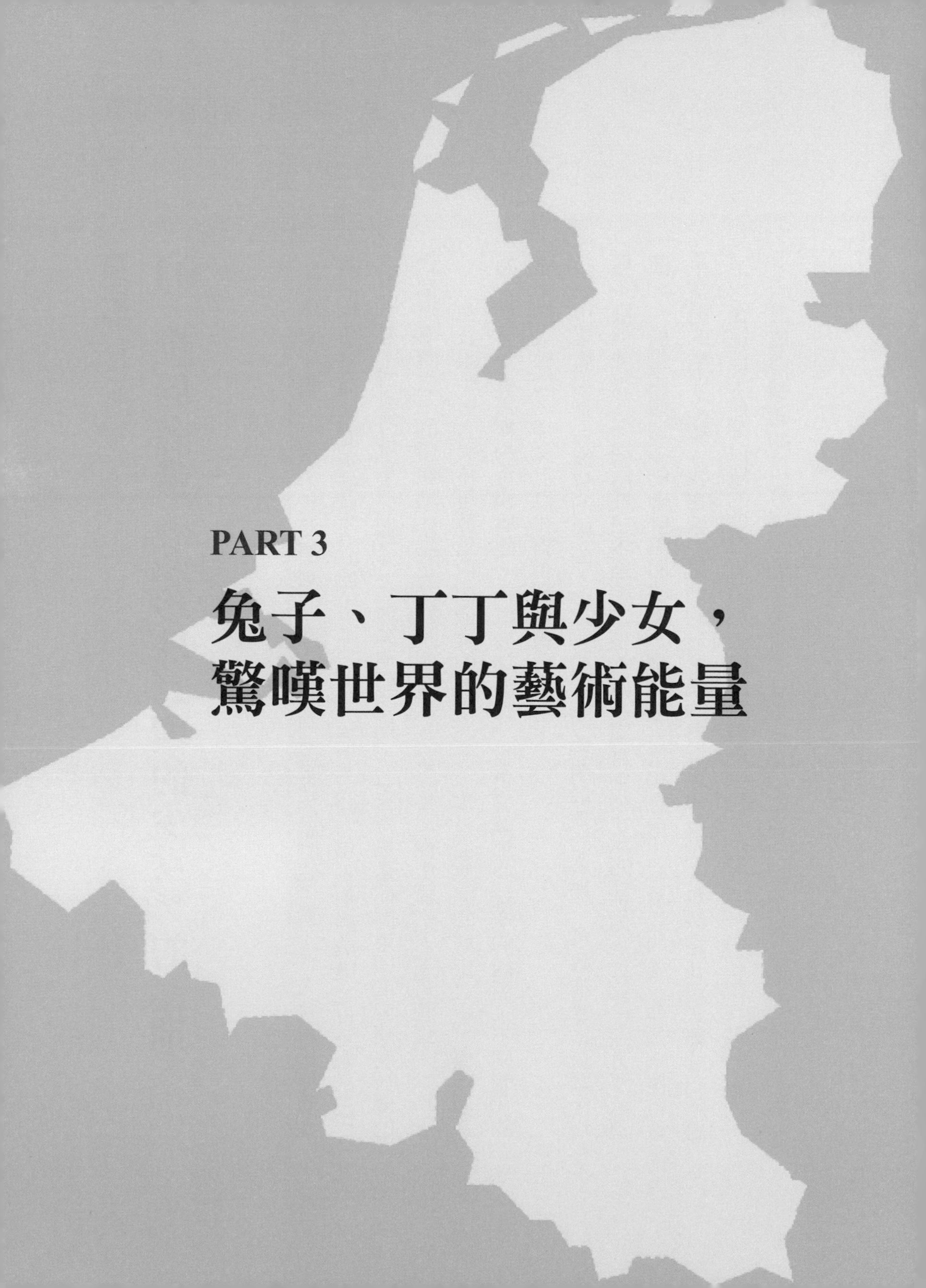

PART 3

兔子、丁丁與少女，驚嘆世界的藝術能量

荷蘭篇

01 世界名畫《戴珍珠耳環的少女》的產地

提到荷蘭台夫特，我們想到的第一個東西一定是藍陶。不過，台夫特可不僅有藍陶，它還是荷蘭歷史最悠久的城市之一。早在一二四六年，伯爵威廉二世（William II）就賦予台夫特城市自治權。在荷蘭鼎盛時期，台夫特更是荷蘭東印度公司在荷蘭的六個辦事處之一的所在地。也正是在那個時候，台夫特人從中國引入了青花瓷。

在我眼中，台夫特可算是荷蘭最美的城市之一，也是最悠閒的城市之一，優哉游哉的人們享受著這裡的古樸寧靜。相較於運河邊，我更喜歡那些狹窄的內街，不同時代的建築鱗次櫛比，卻又無比和諧，滿是舊時風情。

市集廣場是台夫特的中心，也是我眼中的荷蘭最美的廣場。市政廳立面斑駁，塔樓不高但敦實，一扇扇紅色木窗給古樸的原石牆身增添了不少活力（見第一百九十八頁圖）。廣場兩側遍布的咖啡館和餐廳，是當地人聚集之所。有意思的是，作為一座自行車當道的環保之城，我在城中見到的最密集的自行車停放點，竟然是在市政廳的石牆邊上。在這裡，荷蘭民眾的環保意識加上歐洲政府的平實，構成了一幅相當有趣的畫面。

最值得探訪的是廣場上的新教堂（Nieuwe Kerk）以及市政廳背後的舊教堂

（Oudekerk）。其實新舊之分僅是相對而言，新教堂並非近年來的新建築，而是十四世紀的產物，舊教堂當然更古老，建於十三世紀。

新教堂和舊教堂各自安葬了一位大人物。瘦削而挺拔的新教堂是台夫特的制高點，哥德式外觀古樸簡潔，一〇九公尺高的塔樓直入天際。被後世譽為荷蘭國父的威廉一世就葬在這裡。

很多人稱威廉一世為荷蘭首任國王，但這其實是個錯誤說法。因為這位荷蘭國父終其一生，都只是執政而非國王。

這位睿智開明的貴族，在尼德蘭革命中放棄了自己的顯貴身分、與西班牙王室的種種聯繫，加入尼德蘭民眾一方。他引領尼德蘭人民取得獨立，使得西班牙帝國在這片土地上遭遇挫敗。儘管他無法親眼見證後世荷蘭的崛起與爭奪海上霸權，但誰也無法否認他的功績。

一五八四年，威廉一世在台夫特的一座修道院遭到暗殺。如今，這座修道院已成為博物館，見證著尼德蘭革命。

荷蘭人將威廉一世葬於台夫特新教堂。當威廉一世的後人開始世襲荷蘭王位之後，新教堂也成為荷蘭王室成員的安息地。

相較之下，我更喜歡舊教堂，因為維梅爾安葬在這裡（見第一百九十九頁圖）。舊教堂如今看來古樸，但造型在當時可算是相當前衛。有意思的是，站在教堂下仰望，很容易發現它的塔樓有些傾斜。之所以變成斜塔，是因為舊教堂建於運河的河床邊，地基不夠扎實。

走入教堂，白牆肅穆，斑駁的地面記錄著歷史，也記錄著地下安息的人。

其中一塊地磚，刻著維梅爾的名字，還有「一六三二—一六七五」的字樣。這位荷蘭最偉大的畫家，幾乎一輩子沒有離開過台夫特。他生前不為人知，沒有大紅大紫，也沒有可堪為談資的跌宕生活，只是默默繼承著父親的旅館和賣畫生意，窘迫的撫養著十一個子女。他的作品雖然不多，但精雕細琢，一幅畫要畫上兩、三年。直到他去世兩百年後，才為世人所知。

這位不求名利、內心平靜的畫家，畫作的主人翁多為台夫

▲荷蘭台夫特市政廳是一座文藝復興式建築，是台夫特的地標建築。

特的普通人，其中最著名的當然是《戴珍珠耳環的少女》，此外還有《倒牛奶的女僕》（*The Milkmaid*）等作品。另外他也畫過《台夫特風景》（*View of Delft*），那時的台夫特還有城牆與城門，至於運河與小橋，與今日別無二致。

台夫特如今依舊安靜。

▲站在舊教堂下仰望，很容易發現它的塔樓有些傾斜。荷蘭畫家維梅爾就安葬在教堂的塔內。

荷蘭篇

02 紅燈區不紅——因為開放，所以尊重

荷蘭治安差不差？這要看跟誰比。在西歐已開發國家裡，還真是相對差的。但跟有些國家比，那真是安定得很。可能會有人說：「不對啊，某些發展中國家犯罪率比荷蘭還低呢。」其實探討治安問題，如果拿犯罪率來說嘴，基本都是假內行。因為各國的犯罪率數字雖然擺在那裡，可對犯罪的界定都不一樣。打個比方，美國人在家裡「吼」小孩幾句，鄰居可能立馬就報警，可在中國，家長陪孩子寫作業時「吼」孩子的咆哮聲會在每個社區迴盪。

荷蘭也一樣，據說荷蘭最多的案件類型就是偷自行車，荷蘭人酷愛騎行，結果就有那麼一些人喜歡順手牽羊。在荷蘭，丟了自行車，只要報案馬上就立案。

荷蘭的犯罪率雖然高於周邊的比利時和德國，但居然也有幾座監獄因為長期沒有犯人可關押而倒閉。有個數字更值得留意：**荷蘭的性犯罪率相當低，荷蘭兒童從六歲便開始接受性教育，十二歲以上的青少年便可以合法發生性行為，但少女未婚懷孕的比例是歐洲最低的。**

之所以要留意這個數字，是因為荷蘭的三大特色中有大名鼎鼎的紅燈區。

目前，荷蘭的大城市裡都有紅燈區存在，不過近年來也有城市徹底關閉了紅燈區，如鹿特丹。阿姆斯特丹有荷蘭最大最著名的紅燈區[1]，性工作者在此聚集從業，距今已有八百多年歷史。這片區域位於運河附近，又在火車站和水壩廣場之間，是絕對的黃金地段。每年，這裡能創造破億歐元的產值。當然還不算由此衍生的收益，比如旅遊業。

去荷蘭旅行，紅燈區肯定是要見識一下的。這裡雖然遊客眾多，人頭攢動，但幾乎全是來看熱鬧的。在這一片鬆散街區裡，兩側都是性工作者們的「工作室」，設施簡單，一般只有床、椅子和浴缸。靠路邊是鑲有白框的透明玻璃櫥窗，大門可向外打開。門簷上則是標誌性的幾隻小紅燈泡，正應了紅燈區之名。不過在當年，電燈還未發明，「紅燈」是一支支的紅色蠟燭。

也有人說，紅燈區這個名字並非誕生於荷蘭，而是誕生於十八世紀的美國。一種說法是當時性工作者會將紅色的燈放在窗前，借此吸引顧客。還有一種說法是紅燈來自鐵路工所持的紅色燈籠，當他們光顧妓院時往往會將燈籠留在外面。不過性工作者們並不在意紅燈區這個詞的具體考證，她們喜歡紅燈的原因很簡單，因為燈光打在皮膚上會有迷離與催情的效果。

每逢入夜，性工作者們就會穿上性感衣著，擺出各種挑逗姿勢，站在櫥窗裡招攬生意。一旦有客人上門，性工作者們就會將之引入，然後拉上紅色窗簾擋住櫥窗。

1　德瓦倫（De Wallen）是阿姆斯特丹最大和最著名的紅燈區，也是阿姆斯特丹的主要旅遊景點之一。

賣淫須持證，還須繳一九%的稅

紅燈區最輝煌的時代當數十七世紀。當時，荷蘭貴為世界第一強國，號稱海上馬車夫。阿姆斯特丹、鹿特丹等大港成為世界貿易最重要的中轉站，世界各地的海員和冒險家在此聚集，他們總得找點樂子。於是，這裡遍布妓院、性表演場所和情趣用品店。

在荷蘭政府宣布紅燈區合法後，性產業也成為荷蘭政府高度監管的產業，而且在每個環節都有明確規定。

首先，從業者必須年滿二十一歲。當她決定要從事這一行後，就得去荷蘭國家商務部填表註冊為「獨立工作者」。然後再去註冊一個營業範圍為「個人服務」的公司，最後就是去尋找一個櫥窗。

▲ 阿姆斯特丹的紅燈區一隅，和影片 QR Code（影片為英文發音）。

紅燈區裡的櫥窗分屬不同的公司，有大有小，這些公司專門負責出租櫥窗。從業者找到櫥窗後，就可以開始工作。她們跟櫥窗公司沒有任何關係，純粹是租客與出租方的關係。

根據阿姆斯特丹市政廳的規定，早上六點至八點之間，櫥窗不能營業。故大多數櫥窗都是上午十點開門，然後到次日凌晨五點關門，中間還分早晚班。早班每日租金在一百五十歐元左右，晚班因為生意更好，所以租金為兩百歐元左右。

換言之，如果你擁有一個櫥窗，每天能收三百五十歐元的租金，一個月就是稅前一萬歐元初頭。如果擁有多個櫥窗，那可真是賺翻了。

也許有人會按照固有思維，認為經營櫥窗的都是些混黑道的，其實還真不是。大多數櫥窗擁有者，其實都是特別好命的「躺賺」者。

說起這「躺賺」，必須大讚荷蘭這個國家。荷蘭的立國，本就是商人立國，是商業發達到一定程度後的產物。從它誕生開始，就以自由市場經濟著稱。它強調思想與經濟的開放，也強調對私有財產的保護，在幾百年間從未改變。所以，許多幾百年前的妓院經營者，往往能夠將手中的產業傳到後代手中。後來，荷蘭政府改革了櫥窗營業執照制度，櫥窗只能減少不能增加，使得櫥窗的市場價值更高，那些從父輩手上繼承櫥窗的人就因此「躺賺」了。

當然，稅是免不了的。**荷蘭法律規定，提供性服務者每完成一筆「交易」，需繳納一九%的交易稅。性工作者還需按收入分級，繳納個人所得稅。**

性工作者們既然可以持證上工，依法納稅，當然也就享有荷蘭的各種社會福利和保障，比如失業保險和退休金等。另外，性工作者們還有自己的工會組織，隨時為她們發聲。即使是許多人顧慮的身體健康問題，荷蘭政府也想得很周到，性工作者們可以使用紅燈區的專門診所進行匿名體檢，她們的客戶當然也可以使用。更重要的是，性工作者們可以在荷蘭任何普通醫院進行體檢，不會受到任何歧視。

目前，阿姆斯特丹有一百四十二個登記的色情場所，有近四百個「女郎櫥窗」——以前，這個數字還是五百個，但二〇〇七年，阿姆斯特丹政府開始改造紅燈區，陸續關閉了百餘個。

這其實是一場拉鋸戰。

沒錯，**荷蘭**也許是世界上最開放的國家之一。它**不僅是歐洲第一個允許合法吸食大麻、允許同性結婚的國家，它還擁有全世界最大的紅燈區、最大的性博物館和全球第一個性工作者工會**。

但與此同時，它也是歐洲規矩最多的國家之一。它的高速公路嚴格限速，罰款額度也是西歐地區最高的。即使是在週六傍晚，街上仍可見交警開罰單，這在其他歐洲國家簡直難以想像。

這個自古以來向海要地，在惡劣的自然環境中崛起的國家，除了以市場經濟和尊重私有財產見長外，還深諳合作之道。畢竟，不管是繁榮商業，還是面對困境，全民合作才是關鍵。

也正因此，**荷蘭人熱衷於制定規則和嚴格遵守規定，以求更好的合作。**所以，開放的荷蘭絕不是隨意開放，準確的說，這是一個「共同制定開放規則並嚴格遵守」的國家。

如大麻合法化就是個例子。一九七〇年代，荷蘭就對大麻採取了較為寬鬆的管制政策。政府允許持有執照的咖啡館向成年人販售小劑量大麻，本國人可在咖啡館或私人住所吸食大麻（見第兩百零六頁圖）。但大麻的銷售有嚴格的規定，經政府授權的咖啡館數量有限，購買時需要登記，購買數量也有嚴格限制，以十八克為上限。如果登記購買的大麻數量過多，政府人員就會上門調查，嚴重者會被強制拉去戒毒。同時，荷蘭警方也會定期突擊檢查，一般場所是不能吸食大麻的。

這個做法並不是鼓勵或支持毒品合法，其主要目的在於將大麻與非法管道隔離，從而減少人們接觸硬毒品[2]的機會。目前，荷蘭硬毒品的成癮比例是歐盟平均水準的六〇％，因靜脈注射感染愛滋的人數比例比歐盟平均水準低四〇％。美國調查性報導中心的調查顯示，荷蘭青少年使用過大麻的比率比歐美其他國家更低，十五歲至二十四歲的荷蘭青少年使用大麻的比率更是一年比一年低。

紅燈區的設置也是出於同樣的考慮。荷蘭政府將該行業合法化，並不是為了縱容，

2 荷蘭把毒品分為硬毒品和軟毒品。硬毒品如海洛因、古柯鹼和安非他命，它們對公眾健康構成難以承受的威脅；軟毒品如大麻。

而是為了更好的管理，令暗娼浮出水面，讓國家能夠有效保護從業者。

但近些年來，紅燈區出現了一些變化，使得熱衷定規矩的荷蘭人開始思考新的規矩。

最大的變化在於，現在的性從業者已經很少有荷蘭人，大都來自東歐的羅馬尼亞、摩爾多瓦等國家。更嚴重的是，她們來路不正——一些東歐犯罪集團拐騙東歐女性，將之轉手賣到荷蘭紅燈區。其中許多年紀很小，缺乏自我保護意識。

對此，荷蘭人並非沒有對策。從業者的二十一歲以上年齡限制就是針對這一問題制定的，在此之前，從業者的最低年齡為

▲荷蘭大麻咖啡館。荷蘭政府允許持有執照的咖啡館，向成年人販售小劑量大麻。

十八歲。另外，針對流動性娼妓的問題，荷蘭政府在全國範圍內開設了登記處，進行統一管理和保護。

當然，最重要的手段還是限制紅燈區。二〇〇七年開始，阿姆斯特丹政府開始改造紅燈區。當年九月，阿姆斯特丹政府出面買下紅燈區內十八棟建築，將其改建為公寓或商用建築。市政府為此撥款一千五百萬歐元，希望可以減少色情場所，在這個歷史街區增加藝術場館、酒店和餐廳等設施。

二〇〇八年十二月，阿姆斯特丹政府宣布了一項新的城市改造計畫，包括關閉市中心一半數目的色情場所、情趣用品店和供應大麻的咖啡館，旨在「打擊有組織犯罪、重塑旅遊城市新形象」。

時任市長說：「我們意識到，紅燈區的色情業已經不是小規模的行業了，大型的犯罪集團也已經介入，他們從事人口走私、毒品走私、謀殺等犯罪行為。我們不禁止色情業，但我們要取締其他違法活動，包括賭博、拉客、洗錢等。」

這個改造計畫有人支持也有人反對。支持改造計畫的人認為，紅燈區難免帶來治安隱患，對居住在這一帶的孩子也未必是好事。但也有許多人表示反對，這當中可不僅有櫥窗的產權擁有者。許多反對者認為，一旦收窄甚至關閉紅燈區，色情場所反而會向其他地方擴散，性工作者們也將失去政府對她們提供的醫療衛生幫助，性產業會呈現失序狀態。還有許多人進而認為，這會讓性交易轉入地下，從而增加犯罪率。

二〇一五年四月九日，阿姆斯特丹約兩百名性工作者及她們的支持者走上街頭示威，要求停止改造計畫，以保障性工作者的飯碗。性工作者組織批評政府沒有聆聽業界聲音，強行趕走性工作者。

這場拉鋸戰還在繼續，但從荷蘭政局走勢和社會風氣來說，開放仍然是主流聲音。

在地理環境十分惡劣、人口密度又很高（每平方公里約四百九十八人）的條件下，荷蘭成為世界上最富裕的國家之一，荷蘭靠的是什麼？當然是以商立國的傳統，以及一以貫之的開放。

也正因為開放，荷蘭社會極具包容性。在這片土地上，你可以看到各種族裔和各種膚色，是全世界嚮往的移民天堂。對於少數群體，荷蘭也極為包容。前幾年曾出現一起歧視同性戀事件，荷蘭的反應竟是舉國為之代言，從政府高官到普通民眾，從在校學生到家庭主婦，從足球俱樂部到傳媒機構，都選擇與同性手拉手上街的方式譴責歧視。

正因為包容，你還可以在紅燈區看到年過花甲、在這裡已經從業數十年的性工作者。正因為包容，調查顯示九〇％的荷蘭人認為性工作者從事的是正當職業。正因為包容，目前七〇％的性工作者都處於穩定的婚姻和戀愛關係中，另一半並未歧視她們的職業。也正是因為包容和尊重，荷蘭經濟擁有更寬鬆的空間和更強大的創造力，這也是其強大的根源。就像性教育宜疏不宜堵一樣，荷蘭經濟的奧祕同樣是宜疏不宜堵。

盧森堡篇

03 菲安登城堡，雨果避世之所

前文說過，在彈丸小國盧森堡開車，是一種迥異於近鄰荷蘭的感受。後者永遠是一望無際的平地，開上多日甚至會審美疲勞，多山的盧森堡則有著更多樣的駕駛樂趣。

我從荷蘭馬斯垂克前往盧森堡的菲安登城堡（Vianden castle，又譯維安登城堡，見下頁圖），一路上便經歷了不同的地貌。先是一段筆直而逐漸向上的道路，有無盡麥田、茂密樹林，藍天白雲下散落著零星村落，是典型的西歐鄉村景緻。當導航顯示距離目的地還有十餘公里時，就進入了盤山公路。

這是一段十分狹窄的盤山公路，彎道多，直路短，而且全程都看不到陽光，頭頂的密林將天空遮得嚴嚴實實。直到一個拐彎，菲安登城堡突然呈現眼前時，才豁然開朗。

菲安登（Vianden）是烏爾斯河谷（OurRiver）中的一個城鎮，靠近德國邊界，居民僅有不到兩千人。雨果曾數次在此客居，讓小城有了難得的文藝氣息。

小城最引人注目的當然是城堡，無論站在小城的哪個角落，抬頭都可看到雄踞高處的城堡。城堡斜頂灰瓦，塔樓高聳，立於峭壁之上，當年也是易守難攻的所在。

這座小城的歷史最早可以追溯到羅馬時代，當時山頂就已建有要塞。目前所看到的城堡建於十一至十四世紀之間，最早屬於菲安登伯爵家族，一二六四年後轉給盧森堡伯爵，一四一七年又轉給拿索家族，即後來的荷蘭王室。不過拿索家族成為荷蘭王室後，一心向西發展，不再將這裡當作行宮。一五三〇年，這裡開始被法國的奧蘭治親公國（Principauté d'Orange）繼承。

十八世紀的時候，城堡曾遭遇大火和地震，受損嚴重。一八二〇年，城堡被賣給一位當地香料商人。這位商人得到城堡後，將內部設施及磚石零星變賣，城堡也因此成為廢墟。

一八二七年，當時的菲安登伯爵購回城堡廢墟，並計畫修

▲盧森堡菲安登城堡。在菲安登無論站在小城的哪個角落，抬頭都可看到它。

復，一八三〇年，比利時獨立革命爆發，此事擱淺。一八五一年，荷蘭的亨利王子自費重建城堡的小教堂。一八九〇年，拿索－威爾堡的阿道夫（Adolph）成為盧森堡大公，此後也對菲安登城堡進行過修復，但這次修復又被第一次世界大戰打斷。

直到一九七七年，盧森堡大公讓（Jean）將城堡獻給國家，大規模的修復工程重新開始，城堡才得以修復，成為我們如今看到的模樣。

如今的菲安登小城，其實也被舊時城堡的周邊城牆半圍繞著。將車停好，就可以沿坡上行，直抵城堡。有意思的是，開車時眼見城堡在高處，可停好車後，僅需步行幾分鐘就能抵達，氣勢與距離真的不成正比。

城堡盡可能復原為當年的格局與模樣。城堡內部恍若迷宮，兜兜轉轉柳暗花明。比較有意思的是

▲菲安登城堡中廚房一角，各種器皿讓人眼花繚亂。

城堡裡的廚房，各種鍋碗瓢盆讓人眼花繚亂。另外還有專門的鐵架，用來掛廚具。不過，歐洲城堡的格局大同小異，無非是軍事用途的堡壘。城堡裡有大公的居所、辦公室等，當然還少不了教堂。從高處望下去，菲安登小城精緻可喜。尤其是一棟距離稍偏的房舍，沿山坡而建，一條蜿蜒石階伸向公路。因為整體呈梯形，內部格局相當有趣，它並未設立獨立花園，反正整個山坡的草地都是自家樂園。如此有野趣的房舍，在歐洲很尋常，可我們華人看著只有眼饞的份。

人均GDP位列世界第一的盧森堡，向來以富庶著稱，菲安登的居民也不例外，家家戶戶都有精巧的別墅和漂亮精緻的花園。這個在山谷和密林懷抱中的小城，確實有世外桃源的樣子。

雨果的舊居就在小城的橋頭，如今已開闢成博物館。當年，雨果就是坐在那個靠近烏爾河（Our）的房間裡，每日望向山頂的菲安登城堡廢墟。

如今，這棟舊居煥然一新，早在一九三五年，也就是雨果去世五十週年之際，它就被闢為博物館。二〇〇二年，也就是雨果誕辰兩百週年之際，博物館又進行了翻修。如今，博物館裡還藏有雨果的手稿和書信。

資料記載，雨果曾在一八六二年、一八六三年和一八六五年三次造訪菲安登。一八七一年，他因反對當局屠殺巴黎公社社員而流亡，在菲安登客居過一段時間。

要注意的是，有人說雨果曾被流放至此，這顯然是錯的。流放是被動的，流亡是主動的，兩者不可混淆。雨果前三次到訪菲安登，都是在二十年的流亡生涯期間——

一八五一年，拿破崙發動政變，作為反對者的雨果選擇流亡國外，直到一八七〇年才重返巴黎。

一八七一年的客居，不但時間長，留下的印記也最多。博物館的展品和說明告訴我們，雨果曾參與當地的救火，也曾與一名十八歲的少女相戀，還經歷了人生中的第一次拔牙。

對於在暴政面前以腳投票的雨果而言，菲安登是理想的避世之所。只是，那個年代的盧森堡曾一次次被不同種族統治，也並非真正的避世之所。時至今日，盧森堡人對自由的追求早已有了成果，這片土地富庶宜居，可以說是世界上最接近世外桃源的地方之一。而雨果，就是這座小城的象徵。

比利時篇

04 比利時根特，世界六大音樂之都

此路不通，此路又不通，此路還是不通……。

在我的旅途經歷中，前往酒店之路從未如此艱難。導航一次次顯示距離酒店還有幾百公尺，可前路總是不通。

其實並非無路可走，只因為員警設置了路障。當我數不清次數的被迫繞道後，實在沒辦法，只得開窗求助員警。員警看著我遞來的酒店地址，琢磨一下，直接用我的手機幫我設定了導航。本以為這次可以順利抵達，結果還是卡在了距離酒店兩百公尺的一個路口。好在我再次選擇繞路，誤打誤撞找到了酒店。算了下時間，這短短幾百公尺，足足花了半個多小時。

向酒店前臺訴苦時，對方告訴我們這段時間都是如此。但我們也很幸運，因為碰上了全城狂歡的音樂節。

這裡是比利時的根特——聯合國教科文組織評選的「世界六大音樂之都」之一。每年七月，音樂節和狂歡節在這座城市裡相遇，我們適逢其會。將行李丟進酒店房間後，我們立刻聽從酒店前臺的建議，沿著石板路步行前往老城中心——音樂節的主場。

小而美的比利時，即使在無一國不美的歐洲，「顏值」也可穩居前十。至於根特，僅是人潮中的初見，也足以讓我將之列為比利時「顏值」第一的城市。

說實話，除了法國巴黎那種「爆款」城市，我從未在歐洲城市裡見過這麼多人。但即使人流滾滾，站在聖米歐爾橋（Pont Saint-Michel）的橋頭，眼前老城兼具柔美與古樸的氣質仍讓我感覺驚豔。

在比利時的「傳統旅行四大城」中，布魯塞爾、安特衛普和布魯日都是歐洲難得一見的中世紀古城。但中

▲比利時根特音樂節的一個分會場。

世紀遺存僅僅是城市面貌的一部分，貴為歐盟首都的布魯塞爾是現代之都，鑽石城安特衛普是與米蘭齊名的時尚之都，布魯日則早已成為遊客爆棚之地，滿街都是不同膚色的遊客。只有根特，仍然固執的守護著舊時樣子乃至底蘊，你甚至很少看到中世紀之後的巴洛克和文藝復興式建築，它也固執的安守著寧靜。當然，眼下這半個月的狂歡除外。

每年七月，根特都會舉辦為期十天的音樂節。這個被聯合國教科文組織列入「世界六大音樂之都」的城市，自有舉辦音樂節的底氣。

其實，還有什麼比音樂更自由呢？在電影《刺激一九九五》（*The Shawshank Redemption*）裡，一曲《費加洛的婚禮》（*Le Nozze di Figaro*）歌劇中的〈趁著微風〉（*che soave zeffiretto*）就象徵著自由，而在根特這個自由都市裡，音樂本就無處不在。

這場狂歡沒有放過老城的任何一個角落，如果你對現代城市的公共空間理念有所留意，那麼根特就是一個極好的範本。曾有人說，公共空間概念決定了中西文化的差異，古代中國城市的核心是衙門，人們的依賴性更強，凡事都想找青天大老爺；歐洲城市的核心則是廣場，提供了足夠的表達和溝通空間，因此民眾的獨立性更強。根特也不例外，一座座教堂和鐘樓，巧妙的將老城分割為一個個廣場式空間。

▲〈趁著微風〉音樂賞析影片。

▲根特美食鼻子糖介紹影片。

若是平時，這種分割帶來的就是轉角遇到驚喜，而在音樂節期間，則是轉角遇到舞臺。音樂節並沒有一個主場地，而是根據一個個公共空間的大小設置不同規格的舞臺，每個街角、每塊空地，你都能看到臺上的歌手與臺下的聽眾。所以，你大可漫步城中，隨時停下享受音樂。根特的多元化傳統在音樂節上也不例外，爵士樂和流行樂自然是主流，有時還能聽到交響樂。

也是在這段時間，流經老城的運河上搭起了浮橋，橋上擺滿桌椅乃至小舞臺。人們手中自然少不了啤酒，比利時啤酒舉世皆知，根特啤酒更是其中翹楚。中世紀時，這裡曾有上百家啤酒作坊，啤酒行會也極具影響力。當地最知名的啤酒是一個二〇〇九年才成立的年輕品牌，其酒廠仍一直堅持不放啤酒花的老式制法。

走在街巷間，還可見到各種攤位，一路吃吃喝喝，看看各種手作，恍若回到中世紀。另外，連這裡的糖都特別有意思，圓錐形的 Cuberdon 軟糖為根特特有，外硬內軟，口味多樣，因為像鼻子，被稱作鼻子糖。據說本是藥劑師發明出來用作藥物糖漿的，誰知卻凝結成了糖。這種糖保存期不過兩、三週，因此在別處還吃不到。

興奮的兒子與販售鼻子糖的阿姨合影，又在街頭隨音樂跳舞。的確，在這狂歡氣氛裡，人很難保持矜持。

唯一讓人不爽的，或許是街角偶爾傳來的尿騷味。因為音樂節期間人太多，大家又灌多了啤酒，所以街頭擺設了不少流動公廁，有點味道在所難免。可是，在這狂歡氣氛下，誰又在乎呢？

荷蘭篇

05 洛曼博物館，全球最大私人汽車珍藏

歐洲是汽車文明的發源地，探訪汽車博物館也成為許多人的旅行目標（按：參見作者另一著作《德國製造的細節》）。位於德國斯圖加特（Stuttgart）的賓士博物館（Mercedes-Benz Museum）、保時捷博物館（Porsche Museum），位於德國慕尼黑（München）的BMW博物館（BMW Museum），位於德國沃爾夫斯堡（Wolfsburg）的大眾汽車城（Volkswagen），位於義大利馬拉內羅（Maranello）的法拉利博物館（Museo Ferrari）……它們依託各大汽車品牌，既展示車子，也展示歷史，各擅勝場，也因此成為不可忽略的景點。

建一間汽車博物館，不僅需要足夠大的場地，展館還需有設計感。展出的車自然是海量，其中既有百年老爺車，又有豪華跑車和賽車，日常維護也是天價。如果沒有資金雄厚的汽車廠商為依託，支撐下來實在不易。可是，有一間被許多人視為「世界最佳」的汽車博物館，卻偏偏不走尋常路——它竟然是一家私人汽車博物館！

這間名為洛曼的汽車博物館（Louwman museum）位於荷蘭海牙附近，是世界上最大且最古老的私人汽車博物館。網路上有資料說，博物館藏有兩百多輛汽車。我對此資

料存疑，因為無論是目測還是根據照片整理，我都相信實際數字遠超兩百輛。此外，博物館裡還有海量汽車周邊產品，如不同年代的汽車廣告等。

即使是走馬看花順著展廳走一圈，沒有兩、三個小時也別想邁出大門口。更何況展出的車中珍品甚多，總有可流連處，在此消磨上大半天的時間也不為過。如我等市儈之人，更是一邊蹓躂一邊驚嘆：「這是私人汽車博物館？這得花多少錢！」

其實有這樣的想法很正常，連博物館的擁有者——洛曼家族都曾公開表示：如果想以如今市價購買這些車，除非家裡有印鈔機日夜不停的印錢，否則別想買得起。我覺得還應該加上一條：不但買不起，很多車還買不著。

要知道，博物館內珍品甚多，如世界上最古老的汽車之一——一八八七年誕生的迪翁巴頓和特雷帕多（De Dion-Bouton Et Trépardoux）。還有一八九五年誕生的潘哈德勒瓦索爾（panhard et levassor），這輛車參加過比賽全程長達一千兩百公里的「巴黎—波爾多」耐力賽並獲勝，領先第二名整整六小時。

它們誕生後不久，便是風雲變幻的二十世紀，歐洲大地更成為兩次世界大戰的主戰場，戰爭之後滿目瘡痍，曾經的世界文明中心只能在沉痛中追悔和反思，無數人類的文明成果和遺產毀於一旦，何況是車子這種本身就是消耗品的物品？如果不是有著一份持久的好運氣，並適時被收藏、被珍視，它們又怎會留存至今？

洛曼汽車博物館的歷史可以追溯到一九三四年——在第一次世界大戰之後，第二次世界大戰風雨欲來之前。它由美國建築師麥可．葛瑞夫（Michael Graves）設計，建築風格頗為現代，但又兼顧傳統，儼然私人莊園。其實它也確實置身豪宅區，從海牙開車而來，道路兩旁常可見城堡或宮殿式的頂級豪宅，就像英劇裡那樣，道路兩旁的林蔭突然出現一個路口，一條小路向內延伸，遠方是古典雅致的建築。即便僅是在車子行進中的匆匆一瞥，也足夠驚豔。據說，荷蘭王室也住在這一帶。

我們有紅斑馬（BMW），荷蘭有……

跟隨路標指引走進博物館，首先便是一條擁有超高拱形穹頂的長廊。長廊兩側也有展臺，依我推測，應該是不定期展臺。此時，所展示的居然全部是警車。既然是警車，我自是興趣不濃，打算快速走過，卻發現這些警車居然全是保時捷（見第兩百二十二頁圖）！它們是一九六二年至一九九六年期間的荷蘭警車，共有十三個型號，從356 B Cabriolet到911 Targa，從敞篷車到越野車，從摩托車到跑車，讓人眼花繚亂。

其實最早使用保時捷作為警車的是德國，因為保時捷跑車擁有更高的時速、更好的性能，在出勤時效率相對更高。於是，荷蘭警方從一九六二年開始效仿。他們先購買的是一輛356 B Cabriolet，據說效果很好。於是，當年就訂購了十二輛敞篷車，漸漸組織起保時捷車隊。駕駛保時捷的警員有專門制服，頭戴白色頭盔，身穿白色大衣，戴白色手套，老百姓稱之為「白老鼠」。要想成為保時捷警員，必須二十五歲以上，已婚，最好有子女，必須有過人的駕駛技術和身體素質，富於責任感。

畢竟是昂貴的保時捷，所以車隊創立之初，也曾遭受荷蘭民眾的批評。但由於它們確實在治安中發揮了作用，批評聲漸漸消失。巔峰時期，荷蘭警方共擁有超過五百輛保時捷。只是因為購置和維修保養費用過於昂貴，荷蘭才於一九九六年停止購買保時捷。其實替代品也挺不錯——賓士 190E。

除了保時捷警車外，現場還展示了其他荷蘭警車，比如荒原路華（Land Rover）、賓士和ＢＭＷ。還有一款日本跑車——一九六八年的豐田 2000GT。這款劃時代車型於一九六五年在東京車展上亮相，一九六七年量產，截至一九七〇年，共生產三百五十一輛，其中便包括了００７劇組曾使用過的兩輛敞篷版。

長廊裡還有一輛車不可不提，那便是雪鐵龍的 DS19。其中 DS 取自法語的「déesse」一詞，即女神。一九五五年誕生的 DS 系列是雪鐵龍的豪華車系列，其中 DS19 又是第一代車型。一九五五年的巴黎車展上，DS19 亮相僅僅十五分鐘就獲得了七百四十三份訂單，當日總訂單數更是達到一萬兩千份。

如果你對這個誕生於一九五〇年代的數字沒有概念，那我可以給你一個參照：在當今全球最大汽車銷售市場中國，一款暢銷豪華車的月均銷量也達不到這一數字。

法國文學家和結構主義大師羅蘭·巴特（Rcland Barthes）曾說，DS19 的外形猶如天使降落凡塵，又如哥德式教堂。

隨後，我們走進展廳，這裡的展品顯然按年代劃分。一七七五年的葡萄牙馬車，一七五〇年的中式轎子，同時還有一個馬車作坊，堆滿了各種器具。但這些都非汽車，真正意義的汽車展品從一八八六年的賓士開始。那一年，賓士生產出第一輛專利汽車，目前藏於德國慕尼黑國家博物館，洛曼汽車博物館收藏的這輛其實是同款，只是並非首輛。此外，還有一八九〇年代的小型卡車，外形酷似自行車的摩托車等。二十世紀早期的四輪車，輪子特別大，造型各異，能留存到今日的自然都是珍品。且不說洛曼家族收藏的難度，單是日常維護，也花費巨大。

在二十世紀最初二十年的展品中，更可看到早期的摩托車、敞篷車，還有外形酷似如今嬰兒車的四輪敞篷汽車，極是有趣。博物館方也頗具童心，將各種玩具車也搬進展館，如精巧的小馬車、早期汽車模型，甚至還有搖搖木馬。世界上第一輛六缸四驅車也在展館內，而且是獨占一個陽光花房式的展廳。

▲荷蘭的保時捷警車。

一陣眼花繚亂的觀展後，時間漸漸推移到一九五〇年代到一九七〇年代，那些圓頭圓腦或方頭方腦的車子開始亮相，大塊頭的越野車也混跡其中。

在這些展車中，隨便挑出一輛都可算是珍品。作為一個對汽車知識和歷史頗有了解的人，我幾乎每走一步都是驚喜。比如一九四二年的 Breguet Type A2、寶獅（Peugeot）的 Type 126，一九三七年的Panhard & Levassor X77 汽車等。

古董無價，豪華車和跑車同樣無價，洛曼汽車博物館也展示了這些車。偌大一個展館走下來，車子的豪氣能把人嚇暈。你能想到的頂級品牌和頂級車型，這裡應有盡有，甚至還有各種一級方程式賽車。車子有多豪氣，你可以盡情想像。

有人列出了五輛最值得一看的賽車：捷豹（Jaguar）D型運動跑車，曾在一九五五年、一九五六年和一九五七年連續三年獲得利曼二十四小時耐力賽冠軍（24 Heures du Mans）；奧斯頓・馬丁「拉貢達」（Aston Martin Lagonda）M45R 型 1935 款，曾在一九三五年獲得利曼二十四小時耐力賽冠軍；英國 AC 汽車（AC Cars Ltd.）1924 款特別運動型；世爵（Spyker Cars N.V.）C4 型 1922 款，曾在一九二二年英國布魯克蘭（Brooklands）雙十二小時耐力賽中，以每小時一百一十九公里的速度，打破塵封十五年的紀錄；雷諾（Renault）40CV 型 1922 款，曾在一九二五年獲得蒙特卡洛拉力賽（Rallye Automobile Monte-Carlo）冠軍，並打破紀錄。

荷蘭車手德・比爾福特（Carel-Godin de Beaufort）的橙色保時捷賽車也在這裡展出。一九六四年八月，這位車手在德國紐堡賽道（Nürburgring）的練習賽中因事故受了重傷，送醫搶救無效去世，他曾參加過八個賽季的F1比賽，但未曾贏過錦標賽冠軍。

世界最美的收藏

說起荷蘭汽車，最著名的品牌當數世爵（Spyker Cars）。這家歷史超過百年的豪車老廠始終特立獨行，生產的跑車全部為手工打造。而它的命運也頗坎坷，一九二六年宣布破產，二〇〇〇年重獲新生，但二〇一四年再度破產，二〇一六年三月又再度復活。

如今，每輛世爵的車主都可以完全按照自己的意願，訂製所有配置和元件。在訂購世爵跑車後，該車底盤上的編號也和車主對應。車主可以透過廠方提供的個人網頁，獲得該車每一個重要元件的訊息。在製造過程中，製造單隨時更新，車主可以及時追蹤自己訂購汽車的製造過程及維護歷史，車主也可以根據自己的喜好隨時更新配置。這種純粹個性化的汽車生產服務，全球只有世爵提供。

而在這個展館裡就有十五輛世爵老爺車。對於一個一九二六年曾經破產，消失了七十餘年的品牌來說，這十五輛老爺車當然價值連城！

許多豪華車都與名人有關。如荷蘭伯恩哈德王子（Bernhard zur Lippe-Biesterfeld）的法拉利，荷蘭王室可算是窮奢極欲，伯恩哈德王子更是擁有無數豪華車，不過人家倒也並非不學無術的二世。

文學愛好者都知道，荷蘭有位漢學家、翻譯家、小說家高羅佩（Robert Hans van

Gulik），他通曉十五種語言，曾在多國擔任外交官，但最大成就仍是漢學。

他的偵探小說《大唐狄公案》（*Rechter Tie*）成功塑造了「東方福爾摩斯」，並被譯成多種外文出版。一九四〇年代末，高羅佩先是將《狄公案》譯為英文《*Dee Goong An*》，又以狄仁傑為主角用英語創作了《銅鐘奇案》（*The Chinese Bell Murders*）。此書大獲成功。於是，高羅佩又在一九五〇年－一九六〇年代陸續創作了《迷宮案》（*The Chinese Maze Murders*）、《黃金奇案》（*The Chinese Gold Murders*）、《鐵針奇案》（*The Chinese Nail Murders*）、《漆畫屏風奇案》（*The Lacquer Screen*）、《湖濱奇案》（*The Chinese Lake Murders*）等十幾部中短篇小說。這些作品最終構成了高羅佩的「狄仁傑系列大全」——《狄公斷案大觀》，即我們常說的《大唐狄公案》。

這一系列作品還被翻譯成法文與德文，從而在全世界獲得巨大成功。在諸多譯本中，就有這位荷蘭伯恩哈德王子的參與，《黃金奇案》的西班牙文版就出自其手。

更出名的則是「貓王」艾維斯．普里斯萊（Elvis Aaron Presley）的座駕。貓王一生中購買過一百多輛凱迪拉克，其中不乏量身訂製的車型。他常常將凱迪拉克當成禮物送人，包括餐廳服務生、泊車小弟等。洛曼汽車博物館裡就有貓王的座駕，車身分別是橙色、黑色、藍色和黃色（參見下頁圖），其中兩輛是敞篷。邱吉爾（Winston Churchill）的座駕也是館內亮點之一，其中包括著名的林肯V12。

在洛曼汽車博物館裡，你可以看到世界上最古老的車子，看到不同時代的豪華車，看到各種劃時代車型，看到各種在F1賽場上馳騁的經典賽車，它們的價值都已無可估量。但最讓我動容的卻是三個細節。

第一個細節是汽車海報展廳，這裡陳列著數百幅汽車海報，宛若老電影，一幅幅都在講述著人們對汽車的認知與夢想。在這些海報上，你可以看到早期的汽車生活，紳士、淑女將車子停在林蔭下卿卿我我，在海邊兜風，在一望無際的荒原大道上駛向遠方；你可以看到人們對汽車未來的憧憬，讓汽車飛越高樓甚至高山；你可以看到開著汽車打馬球的創意；你可以看到早期的汽車賽場；你還可以看到賓士、BMW、保時捷和奧斯頓．馬丁等大品牌的平面廣告，個中創意，甚至連我們現在的廣告都比不上。汽車改變人類，不僅僅在生活方式這一層面，還有藝術和視野。

第二個細節是一輛十分不起眼，甚至有些殘破的小車——豐田AA（見左頁圖）。這款車誕生於一九三六年，是豐田汽車的起

▲貓王的凱迪拉克座車。

點。一個偶然機會，人們在俄羅斯西伯利亞（Siberia）的一個農戶家裡發現了這輛目前世界上唯一的豐田AA，便將它帶回了洛曼汽車博物館。那滿是灰塵的車窗，那巨大的三幅式方向盤，那五個古老的鍍鉻儀錶，那把仍插在車上的點火鑰匙，都訴說著昔日榮光。世代從事汽車進口生意的洛曼家族，早在一九二〇年代就意識到了汽車收藏的美妙，他們不惜代價，更不吝惜精力。沒錯，他們很有錢，但他們同樣是有趣的人。

第三個細節是偌大的汽車餐廳。那是一個超高的場地，鋪上了石板路，兩側都做成了歐洲小鎮的模樣，一棟棟童話般的建築並肩而立。一間還原的早期汽車修理廠也在其中，還有早期的加油站。最有趣的是一間理髮店，館方是要告訴我們：理髮店裡也有車，那些讓孩子們可以乖乖坐下來剪髮的玩具車式座椅，早在百年前就已存在。

這才是汽車帶給我們的歷史與生活，我愛這樣的生活。

▲目前世界上已知僅存的一輛豐田 AA。

比利時篇

06 伊珀爾戰役，改變人類歷史的歐洲毒氣戰

伊珀爾（Ypres），這座位於比利時西南部的小城，美麗而寧靜。城中那座歐洲最大也最美麗的哥德式建築之一——布料廳（Lakenhalle），見證著伊珀爾在商業上的繁榮歷史。布料廳二樓的法蘭德斯戰場博物館（In Flanders Fields Museum）記錄著伊珀爾在世界軍事史上的意義——它曾是第一次世界大戰中最重要的戰場之一，協約國軍隊與德軍在這裡進行過三場大戰，最終將伊珀爾夷為平地。

第一次伊珀爾戰役（1re Bataille des Flandres，又稱第一次法蘭德斯戰役）[3]於一九一四年十月下旬打響。德軍計畫攻占伊珀爾，為占領沿海港口開闢通道。十月二十日至十月二十五日，德軍發起正面突擊，英軍傷亡慘重，選擇固守待援。十月二十五日，法軍增援英軍左翼。此後雙方互有勝負，即使德皇親自指揮普魯士禁衛軍參戰，仍未能取得決定性突破。十一月二十日，戰役結束。此役，德軍傷亡十三萬人，協約國軍隊損失十萬餘人。從此，西線戰事從瑞士邊境延綿至法國的加萊海峽（Nord-Pas-de-Calais）。

一九一五年四月二十二日，德軍發起第二次伊珀爾戰役。當日十七時起，德軍向伊

珀爾北部的英軍連續釋放十八萬公斤（約六千罐）氯氣，**這是戰爭史上首次大規模使用化學武器**，造成英軍一．五萬人中毒，五千人死亡。英軍陣地已有大片區域無人防守，但德軍因年初在波蘭戰場嘗試使用毒氣時效果不佳，沒料到這次如此成功，因此沒能趁勢繼續進攻，隨後英方援軍趕到，德軍錯失戰機。戰事於五月二十五日結束，英軍共損失六萬人，法軍損失一萬人，德軍傷亡三．五萬人。

第三次伊珀爾戰役（又稱帕斯尚爾戰役）於一九一七年七月底開始，英軍計畫攻擊法蘭德斯沿海的德軍潛艇基地，以加速德軍崩潰。七月二十二日開始，英軍集中三千多門火炮，發射了四百五十萬發炮彈，還釋放了毒氣。隨後，英軍向伊珀爾附近的德軍展開猛攻，由法軍配合。因為大雨使地面變為沼澤，德軍又在前沿陣地構築三面環水、易守難攻的碉堡群，協約國軍隊每前進一步都需付出重大代價。最終，英軍僅向前推進了八公里，沒有實現摧毀德軍潛艇基地的目標。此役英軍傷亡三十萬人，法軍傷亡八千多人；德軍損失約二十七萬人。

在整個第一次世界大戰中，英軍在伊珀爾的死傷最為慘重，以至於時任英國國防部長的邱吉爾於一九一九年一月建議，將伊珀爾廢墟從比利時手上買過來，或請求比利時將它送給英國，以紀念陣亡的英國將士。他說：「我希望，我們能獲得伊珀爾廢

3　發生於第一次世界大戰中一場為了爭奪比利時戰略城市伊珀爾的戰役，協約國與德國均視此地為必爭之地。

墟……對英國人民來說，在這個世界上再沒有比這裡更神聖的地方了。」

他當然沒有如願，但比利時人仍為英軍建立了一座紀念碑。他們以昔日城門的廢墟為基礎，於一九二七年建成了門寧門（Menin Gate）。這座宛若凱旋門的龐大建築，其實也是一座開放式紀念館。在它的牆壁上，裡裡外外刻了五．五萬名大英國協士兵的名字，他們都是失蹤者，無法安葬，只有這裡收留他們的靈魂。即使是五．五萬這個龐大的數字，也遠遠不是失蹤者的全部。每晚八點，附近的車輛會停止行駛，號手會吹響最後一班崗的號音。

▲伊珀爾的紀念碑。

宏大而美麗的布料廳，修建於一二〇〇年至一三〇四年，在第一次世界大戰中與伊珀爾城一道毀於戰火，一九六七年重建完成。布料廳及廣場是整個伊珀爾市的中心，四周遍布美麗建築。無論是布料廳還是周邊建築，都是修舊如舊，在第一次世界大戰後重建而成。與其他許多歐洲城市一樣，人們在廢墟上重建家園，並固執的尋回舊日照片、圖紙等資料，將城市修成舊時模樣。

法蘭德斯戰場博物館就在布料廳二樓，場館不大，但保留了大量影像資料和實物資料。它的地面便是一張巨大的第一次世界大戰西線戰場地圖，最顯眼的當然是「伊珀爾尖角」，它是第一次世界大戰期間德軍的必爭之地，但因為英軍的頑強，德軍僅占據過此地一天。

獲得諾貝爾獎的毒氣戰之父

在博物館裡，你可以看到落滿灰塵的防毒面具和半人高的毒氣罐。還有許多回憶性文字，比如一個德國士兵的記錄：「我們在毒氣彈發出後，再也聽不到任何聲響。我們悄悄穿過法軍的戰線，在經過的一千公尺內，到處是敵軍的屍體，空氣中還能聞到刺鼻的味道。還有動物的屍體，死馬、死兔子、死老鼠到處都是。有的士兵雙手緊扣著喉嚨，表情痛苦的死去，還有的士兵忍受不了毒氣在身體內灼燒的痛苦，開槍自盡。」

這是人類歷史上第一次大規模毒氣戰。其實，人類很早以前便知道利用有毒物質作為武器。十六世紀以後，就有人開始研製化學武器。一六五四年，米蘭人發明了一種能散發毒煙的火藥，法國工程師隨即將它裝入手榴彈，製成毒氣手榴彈。後來，出現一種爆炸後能釋放毒煙的炮彈。但是，這些早期毒氣彈殺傷力很小，只能小範圍使用。

一九一四年初，德國人哈伯（Fritz Haber）[4]提出了大規模毒氣戰即化學戰的設想，馬上便被德軍高層採納。經過幾個月準備，實施化學戰的鋼瓶、液化裝置、氯氣從德國的鋼鐵廠、化工廠中生產出來。一九一五年四月五日，德國工兵部隊開始在伊珀爾戰場布置毒氣鋼瓶，二十只鋼瓶為一列，每公里陣地上布置五十列。最終，他們在伊珀爾的八公里寬陣地前，布設了約六千只毒氣鋼瓶，在戰爭中共釋放了十八萬公斤氯氣，對協約國軍隊造成了極大殺傷。

戰後，協約國軍隊要求科學家盡快拿出反制辦法，科學家們經過現場勘查，驚奇的發現活下來的只有野豬。因為豬聞到刺激氣味時就會把鼻子拱進地裡，鬆散的塵土顆粒吸附和過濾了毒氣，讓野豬們倖免於難。於是，科學家們便研製了防毒面具。直到現在，防毒面具中放置過濾物質的地方仍然像個豬鼻子。

兩日後，德軍和協約國軍隊又展開了一場毒氣攻防戰。一邊是只能依靠風向吹送毒氣，一旦風向改變就會玩火自焚的德軍，另一邊是僅擁有以紗布襯墊包裹經化學處理的廢棉花製成的簡易防毒面具，在毒氣中仍然只能掙扎的協約國軍隊。毒氣導致能見度極低，無法瞄準開槍，當德軍隨著毒氣慢慢推進到聯軍陣地時，雙方便只能進行白刃戰。

在那之後，交戰雙方又各顯神通。英軍也開始生產毒氣鋼瓶和氯氣，並以此打擊德軍。後來雙方又研製出了毒氣彈，炮彈射入敵方陣地爆炸後才釋放毒氣，避免了施毒一方的引火自焚。緊跟著，因為防毒面具減輕了氯氣的殺傷力，德國人又研製出不容易被發現的光氣[5]，以及腐蝕人體軀幹的芥子氣[6]。芥子氣又促進了防毒衣的出現。為了克制毒氣防護，德國人還研製出能滲透進防毒面具的化學品……。

整個第一次世界大戰期間，雙方使用了四十五種以上的毒氣，共計一萬一千三百公斤，中毒總人數達一百三十多萬人，死亡九萬人。有鑑於此，一九二五年，國際聯盟在日內瓦簽署協定，禁止在戰爭中使用化學及細菌性武器。

二〇一五年四月二十一日是人類歷史上第一次大規模毒氣戰的百年紀念日，《禁止化學武器公約》[7]的締約國在伊珀爾舉行了紀念活動。但在二〇一八年，某個西亞國家仍發生了以化學武器襲擊平民的悲劇。即使大多數國家都已加入《禁止化學武器公

4 哈柏在一九一八年榮膺諾貝爾化學獎，得獎成就「哈布二氏法」（Haber-Bosch process）既能製造肥料，也能製造炸藥。

5 碳醯氯（phosgene），俗稱光氣，為無色且具有些許刺激腐臭草味的氣體，它能傷害人體呼吸器官，嚴重時導致人體死亡。

6 芥子毒氣（mustard gas），亦簡稱為芥子氣，學名二氯二乙硫醚，是一種重要的糜爛性毒劑，因味道與芥末相似而得名。芥子氣可能會造成皮膚、眼睛以及呼吸道的刺激及灼傷，生殖上的影響以及可能造成呼吸道的癌症。

7 全名為《關於禁止發展、生產、儲存和使用化學武器及銷毀此種武器的公約》（*Convention on the Prohibition of the Development, Production, Stockpiling and Use of Chemical Weapons and on Their Destruction*，簡稱CWC）。

約》，但人類在化學武器的禁用上，仍有很長的路要走。

相較於小而精的法蘭德斯戰場博物館，位於伊珀爾市郊的泰恩科特公墓（Tyne Cot Cemetery），更能見證戰爭的殘酷。

其實，嚴格來說，泰恩科特公墓的所在地是宗訥貝克（Zonnebeke）——一個緊鄰伊珀爾的小村鎮。其實在伊珀爾一帶，有著大量的士兵公墓，規模都不小，且各具特點。但如果只能擇一而觀，那麼泰恩科特公墓是首選。

這是世界上最大的大英國協公墓。一萬一千九百五十六名士兵長眠於此，多半是當年帕斯尚爾血戰的死難者。其中有三分之二以上的墓碑並沒有留下名字。

在第一次世界大戰中，死難士兵超過千萬，重傷者超過兩千萬。相較之下，安葬了近一．二萬人的泰恩科特公墓，即使已是最大公墓，仍顯得渺小。但這個位於曠野之間的墓園，是一片綠意中的潔白，讓人倍感神聖。

一排排的墓碑，大都沒有留下名字，但同樣擺滿鮮花。碑林之間，草地有著盎然生氣，孩子們在墓碑間穿梭，時而發出笑聲，讓人感到今日和平之不易。墓園深處，弧形的白色牆壁上還刻有三．五萬名失蹤者的名字。

其實，正是第一次世界大戰開啟了這樣一個傳統：鐫刻普通士兵的名字，將他們安葬在軍官身邊，以此祭奠英靈。即使是沒有留下名字的士兵，也有自己的墓碑。沒有留下屍骨的失蹤者，則會留下名字。

開車離開伊珀爾時，途經附近一個村莊。有一戶人家，住宅邊上有大片草地，圈了一大片，養了幾隻羊駝。下車拍照時，牠們用無辜的眼神看著我，甚是可愛。

在這一帶的村莊，隨處可見散養的牛羊和馬匹。這讓我想到一個數字，在第一次世界大戰期間，有近五十萬隻牲畜戰死沙場，尤其以馬匹和騾子為多。

亂世之中，人命如草，何況牲畜？而生在當下的羊駝與牠們的主人——在寧靜鄉村住著大宅子的比利時農民，又是何等幸運！

▲ 一排排的墓碑，大都沒有留下名字，但同樣擺滿鮮花。

比利時篇

07 戴高樂：「丁丁是我唯一的對手」

晚年的戴高樂曾以嫉妒的口氣回憶道：「論生活的磨難與多變，只有一個人能與我相提並論。」

他說的是邱吉爾還是羅斯福（Franklin Delano Roosevelt）？都不是，他眼中唯一的對手居然是個比利時人——丁丁。

比利時，一個面積比臺灣還小的國家，GDP**總量一直位居全球前三十名內，人均GDP更是躋身全球二十強。它的首都布魯塞爾被稱為「歐洲首都」，這裡不但是歐盟和北約的總部，還是一千四百家國際非政府組織，和大型跨國公司的總部的所在地。雨果曾說，這座城市擁有世界上最美的廣場。**

古典與現代的碰撞，在這座城市裡隨處可見。當你在古老的石板路上漫步時，常常能在路旁的中世紀建築牆上看到巨幅漫畫。

這就是布魯塞爾著名的漫畫牆。一九九一年，布魯塞爾市政府提出建造漫畫牆。他們利用大面積牆壁繪製漫畫，與周邊環境巧妙的融為一體。漫畫中最著名的形象當然是藍色小精靈和丁丁，它們都屬於比利時。不經意間抬頭，一幅丁丁、米魯和阿道克船長從樓梯上往下跑的巨幅漫畫已出現在眼前。

在這裡，你也能找到丁丁居住過的公寓原址，《七個水晶球》（*The Seven Crystal Balls*）裡的廣場，還有《奧圖卡王的權杖》（*King Ottokar's Scepter*）裡的五十週年紀念公園……。

有人說，比利時最引以為傲的世界第一，其實是每平方公里擁有漫畫家的數量。更值得驕傲的是丁丁，與他一樣享譽全球的漫畫形象很多，可腳步能夠跟得上聲譽，連足跡也踏遍全球的，唯有這位《丁丁歷險記》的主角。

一九二九年一月十日，《丁丁歷險記》開始連載。迄今為止，《丁丁歷險記》全球銷量超過兩億本。曾有人這樣開玩笑：「在丁丁這個詞『變汙』[8]之前，他一直是正直、機智、勇敢的化身。」

要看丁丁，比利時漫畫藝術中心是一個最好的選擇。的確，相較於名氣更大的樂器博物館、馬格利特博物館和比利時皇家美術博物館，相對偏離老城、居於內街的比利時漫畫藝術中心似乎才是漫畫迷的選擇。

當你找到目的地時，這個漫畫藝術中心會告訴你比利時作為漫畫王國的輝煌。這座原本是百貨商店的建築，如今收藏著六百多位漫畫家的作品。

這棟三層建築中，首層有商店、塑像區和漫畫知識展示區；二樓介紹比利時漫畫

8　丁丁被引用來比喻人「腦殘」。

史；三樓則展示作品。這之中當然少不了丁丁，位於一樓的火箭模型，就源於《丁丁歷險記》中的《月球探險》（*Explorers on the Moon*）。艾爾吉（Hergé）這位「丁丁之父」，也是二樓漫畫史展館裡最重要的漫畫家。

一九〇七年五月二十二日，喬治・勒米（**Georges Prosper Remi**）出生於布魯塞爾一個中產家庭。因為童年的沉悶乏味，他筆下的丁丁也一直沒有家庭。一九二四年，他開始使用「艾爾吉」這個筆名。一九二六年，他在雜誌上開始連載《冒失鬼巡邏隊長托托爾》（*Totor, CP des Hannetons*），該作被視為丁丁的前身。一九二八年，他又在這

▲比利時漫畫藝術中心展出的《丁丁歷險記》漫畫與周邊。

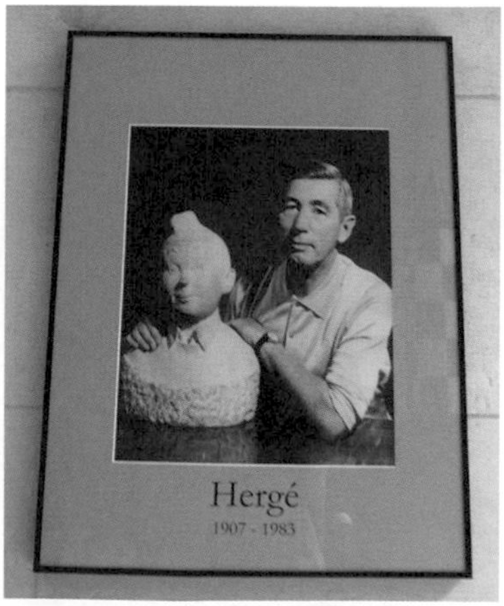

▲艾爾吉與丁丁。

個故事裡添加了一個小狗角色，則是米魯的前身。

一九二九年一月十日，《丁丁歷險記》開始連載，艾爾吉選擇的平臺是《二十世紀報》兒童版（*Le Petit Vingtième*）。這是一份風格保守的右翼[9]報紙。於是，丁丁的形象也就此定型：熱愛和平、正直開朗、乾乾淨淨、菸酒不沾。也正因為風格保守，所以在《丁丁歷險記》裡，甚至沒有女主角的存在。

當然，這並不是沒有女主角的唯一原因。從誕生那天起，丁丁就承載著「政治任務」。作為漫畫形象，它最主要的讀者群體當然是孩子。在媒體人看來，如果一個孩子因為愛看漫畫而養成閱讀某份報紙的習慣，他將來也會持有與該報同樣的政治立場。

換言之，一個好的漫畫形象，就是培育一個政黨未來基石的工具。而在當時，政黨乃至媒體眼中的「未來基石」僅僅是對兩性意識仍然懵懂的男孩，因為當時女性並沒有投票權。

丁丁誕生於比利時，源於歐洲的保守，除此之外還有藝術觀念方面的原因。長期掌握西歐文化話語權的法國、英國和義大利將藝術局限於文學、繪畫和音樂。至於漫畫，那只是報紙上的邊角碎料。即使是十九世紀初就風行諷刺漫畫的法國，人們骨子裡也未

9　又稱右派，源自於法國大革命時期，在制憲會議上，當時來自第三階級（市民和農民）的自由派參議員坐在主席的左側，而第二階級（貴族階級）的成員則坐在右側。之後的立法會，將坐在右側，支持舊制度的君主主義者稱為右派。

將漫畫放在眼裡。這種保守思維，使得歐洲漫畫家們紛紛尋找新的場所。於是，經濟發達、交通便利且能為漫畫家提供良好創作空間的比利時，就這樣成為漫畫王國。

有意思的是，在法語世界裡掌握文化話語權的法國，最初引進《丁丁歷險記》的刊物也是保守的青少年宗教刊物，名為《勇敢的心》（*Coeurs Vaillants*）。其主編古爾特瓦神父在出版時遇上的難題，都與保守有關。其中一個難題是形式上的，當時的法國漫畫遵循舊模式，文字與圖畫分離，十分呆板。艾爾吉則選擇美式連環畫風格，圖文合一。

更大的難題在於觀念，古爾特瓦神父擔心沒有家庭、到處晃悠的丁丁無法得到法國父母的認可。最終讓步的是艾爾吉。《勇敢的心》連載《丁丁歷險記》的條件，就是艾爾吉要同時在雜誌上連載另一部名為《瓊、傑德和雅格歷險記》的作品。在後者中，主角小男孩瓊有父母，還有妹妹和寵物猴。是的，這個四處探險的完整家庭顯然更符合教徒們的信仰。

可這個故事讓艾爾吉苦不堪言，他對瓊的家庭模式十分陌生乃至抗拒。所以，這個故事僅維持了五集便宣告結束。

值得一提的是，《丁丁歷險記》系列裡出現次數最多的地標馬林斯派克宮，其原型雪瓦尼城堡（Château de Cheverny）就在法國。即使在古堡雲集的盧瓦爾河谷（Vallée de la Loire），這座雪瓦尼城堡的美麗也是數一數二的。

比利時篇

08《丁丁歷險記》，幫孩子撬開世界大門

幾年前，《三聯生活周刊》[10]曾有過一篇關於《丁丁歷險記》作者艾爾吉的專稿，其中最有價值的點，就是「後探險時代」一說。

毫無疑問，讓人類受益的近現代文明，源於大航海時代的開啟。在此後很長一段時間裡，對未知文明的探索為一代代歐洲人所熱衷。儘管不一定每個人都能成為航海家，但每個人都能坐在家裡閱讀那些探險書籍。在十九世紀中後期，隨著儒勒·凡爾納[11]等人的作品的風行，火車和輪船越來越普及，未知世界越來越少，人類早已不再滿足於傳統的地理探險，而是將目標瞄準了宇宙。

不過，這種心態並未維持太久。第一次世界大戰的爆發使得歐洲人從美麗世界的幻象中醒來，開始關注現實，探險也被賦予了現實意義。

---

10 為中國出版集團下所發行的一本綜合性新聞和文化類的中文周刊。
11 Jules Gabriel Verne，法國科學幻想和冒險小説家，著有《海底兩萬里》、《地心歷險記》、《環遊世界八十天》等。

正如《三聯生活周刊》的專稿中所說的，人們開始關心，自己的國家如何分享十九世紀地理探險所帶來的現實利益，和以何種方式在殖民地生活，讀者的興趣轉向了海外記者的新聞報導，及其政治局勢分析。

有人這樣記錄：「對比利時人而言，法國記者阿爾貝隆德雷斯（Albert Londres）和約瑟夫．凱塞爾（Joseph Kessel）的名字幾乎是神聖的。」而以新聞記者身分出現的丁丁，正是基於這一時代背景而被創造出來的。

丁丁的第一站是蘇聯，這毫不意外，因為當時，蘇聯在西方國家眼中是最神祕的，也是最重要的對手。艾爾吉曾回憶：「《丁丁在蘇聯》（*Tintin au Pays des Soviets*）是一個時代的縮影，這是一場政治遊戲。」

有意思的是，報紙《二十世紀》當年的行銷也頗具新意。在《丁丁在蘇聯》推出的同時，報紙上還登了一則煞有其事的啟事：本報一如既往追蹤境外動態，故特遣本報最好的記者丁丁探訪蘇聯，以饗讀者。

《丁丁在蘇聯》的故事連載了一年，為了測試作品影響力，《二十世紀》又在連載結束時刊登啟事，自稱丁丁將從蘇聯回國，並刊登了歸國的下車地點和時間。當日，艾爾吉帶著化裝成丁丁的少年一起出現在車站，發現外面已經圍了數千粉絲。《丁丁在剛果》（*Tintin in the Congo*）連載結束後，《二十世紀》故技重施，布魯塞爾的黑人也在車站組織了一場盛大的歡迎會。

這不僅僅是人們對丁丁和艾爾吉的肯定，也是對新的探險方式的肯定。《丁丁歷險記》不但繼承了大航海時代的精神，還更重視觀照現實。

當然，這種新的方式也帶來了副作用，那就是曾被詬病的種族主義。尤其是《丁丁在剛果》，就曾因種族主義被指責。但如果回溯至艾爾吉的年代，就會發現一切都是必然。那時，剛果是比利時的殖民地，富含礦產，恰恰是比利時人最關心的地方。

晚年艾爾吉在反省自己的種族主義傾向時說道：「內心深處的種族主義觀念很難根除，需要很多智慧和意識，才能不囿於自己的短視、自己的傳統，從而真正的理解。」

在最初幾年裡，艾爾吉的

▲比利時漫畫藝術中心展出的《月球探險》模型。

創作並沒有什麼計畫，也沒有劇本。他對丁丁的目的地也缺乏足夠的了解，這甚至招來詬病。比如《丁丁在剛果》，批評者就認為漫畫中的剛果毫無剛果本土痕跡，只是個大型野生動物出沒之地而已。

轉折發生在一九三四年，他在創作《藍蓮花》（*Le Lotus Bleu*）時認識了畫家張充仁。張充仁與艾爾吉同年出生，一九三一年來到比利時，在布魯塞爾皇家美術學院學習雕塑。他向艾爾吉介紹了當時在歐洲還十分神祕，且因義和團運動而被視為野蠻守舊的中國，同時還為艾爾吉繪製了許多書中需要的細節。

正是在這部作品裡，艾爾吉刻畫了西方人的自以為是，還有他們對中國的偏見。艾爾吉也將張充仁畫到了書中，成為丁丁的好友。張充仁也成為《丁丁歷險記》裡唯一有現實原型的人物，以至於法語世界裡一度將所有中國人都簡稱為「張」。

《藍蓮花》大獲成功，也使得《丁丁歷險記》得以進入一向高傲的法國人的視野，最早連載《丁丁歷險記》的法國刊物《勇敢的心》也因此而暢銷。

艾爾吉曾回憶，他在與張充仁的交往中了解了中國文化，同時也有了一種責任感。此後，他不再隨意編造故事，而是在每次創作前仔細查找資料，了解丁丁將要探險之地的情況。他建立了自己的資料庫，並分門別類，從汽車、航海、建築到時裝，以求細節準確。也正因此，他畫得越來越慢，從最初的每年一部，到兩年一部，再到三、五年甚至七、八年一部。

一九五三年，丁丁登上月球，比現實中的人類登月早了十六年。

與登月相似，儘管早在一九三七年，故事裡的丁丁就已經前往英國黑島歷險[12]，但《丁丁歷險記》真正進入英國市場是在一九五八年。與法國人一樣高傲且固執的英國人，在圖書館收藏時就拒絕了《丁丁歷險記》，出版市場同樣如此。雖然民間也有英譯本流傳，但翻譯極差。直到一九五八年，有著英式嚴謹和考究的英文版才問世。

至於以英國為背景的《黑島》，更是在一九六六年才擁有英文版。此時的艾爾吉越來越嚴謹，為了英文版選擇重畫此書，還派助手臨摹了英國海濱場景，以及各種交通指示牌、車牌等，以求真實。

終於，《丁丁歷險記》從相對狹窄的法語世界，轉向更為廣闊的英語世界。

12　《黑島》（*The Black Island*）為丁丁歷險記系列的第七部作品。故事的舞臺是在英國的蘇格蘭。內容主線是丁丁破獲試圖擾亂英國經濟的偽鈔集團。

比利時篇

09 這些亂七八糟畫，真的是藝術

在比利時布魯塞爾的博物館裡，我最喜歡的是馬格利特博物館。

雷內・馬格利特（René Magritte），這位比利時超現實主義大師蜚聲藝術界，在設計界更是粉絲眾多，堪稱普普藝術（pop art）及現代商業平面設計的鼻祖。動不動就有人以作品向其致敬，不過在中國，知道他的人並不多。若非在前往布魯塞爾時做過攻略，我也不知其人，但當我踏入馬格利特博物館，便知此行值得，錯過才是遺憾。

雷內・馬格利特於一八九八年出生於比利時，父親是裁縫，母親是女帽販售員。他十歲時開始學畫，十二歲時母親自殺。後來，他曾就讀於布魯塞爾的比利時皇家美術學院，一九一八年畢業後在壁紙工廠負責花紋設計。

一九一九年，馬格利特對未來主義[13]和奧菲立體主義[14]產生了興趣，開始嘗試超現實主義風格。一九二二年，他看到了喬治歐・德・奇里訶（Giorgio de Chirico）的複製作品《愛之歌》（*Giorgio De Chirico*）後，便正式確定了自己的風格。

▲馬格利特博物館導覽影片。

一九二六年，他開始全職繪畫，並於同年畫成自己的第一幅超現實主義作品《迷失的騎師》（*Le jockey perdu*），畫中充滿了「夢境還是現實」的不確定性。

一九二七年，他在布魯塞爾舉行首次個人畫展，但遭到大量侮辱性批評，於是他移居巴黎。此後三年，他創作力爆發，經典作品多在這一時期完成。

一九三〇年，因為厭倦了巴黎文藝界的紛亂，他又回到布魯塞爾，潛心創作。晚年，他定居於布魯塞爾，一九六七年八月十五日因胰腺癌病逝。

馬格利特的藝術生涯並沒有太大的風格變化，他只專注於奇幻構思，很少關注流行技法。直至今天，對馬格利特的作品進行各種猜想，仍然是粉絲們樂此不疲之事。

一九六〇年代，馬格利特的作品引發了世人的極大興趣，更影響了多種藝術風格流派。那幅寫有「你看到的不是煙斗」字樣、名為《形象的叛逆》（*La trahison des images*）的菸斗畫作，已成為超現實主義的一大標籤，見諸各種書籍和教學資料。連米歇爾．傅柯（Michel Foucault）都為之吸引，於一九六八年寫下著作《這不是一只菸斗》（*This Is Not a Pipe*），從圖形詩的角度解讀馬格利特的作品。

---

13 Futurism，一九一〇年以義大利馬利內提（Marinetti）為首所興起的前衛藝術主張。排斥傳統藝術，謳歌近世科學、機械工業、戰爭、革命等刺激強烈的事物，常以騷動喧囂作為藝術創作的中心，視運動與速度為新的美。

14 cubisme orphique，是一個立體派的分支，其作品內容主要為光線構成的絕對的抽象。

超現實主義的概念由法國詩人阿波里奈爾（Guillaume Apollinaire）首創。他在談到自己的超現實主義戲劇《蒂蕾西亞的乳房》（*Les Mamelles de Tirésias*）時說：「當人想要模仿行走時，卻創造了完全不像腿的車輪。就這樣，他便不知不覺的做了超現實主義的事情。」

理論派會告訴你：「超現實主義不滿足於對社會現實採取簡單的否定態度，他們在探求改變這種社會現實的過程中，重視對人的內心世界的挖掘和人的心理活動的研究，他們希望透過這種研究找到解決人生問題的鑰匙。」這麼說比較刻板，我更喜歡直觀的感受，尤其是那種極具衝擊力的想像，那種對生死、喜怒、現實與荒誕的體驗，馬格利特的作品就做到了這一點。

也只有在馬格利特博物館裡，當如此之多的馬格利特作品擺放在一起時，你才能觸摸到他的創作喜好。比如他喜歡在同一個場景裡改變些許細節，就變成多張相似但意味不同的畫。比如有一幅畫，高山上的紅土長出一堆枝葉般的羽毛，中間的果實是兩隻貓頭鷹。而在另外幾張畫中，貓頭鷹由正面變成了側面。還有一張，場景由高山換成了海邊，貓頭鷹變成了飛鳥。又有一張，綠色羽毛中長出了一頭巨鷹。

在天馬行空般的創意中，讓眼睛、鼻子等五官出現在山林間和天空之上，也是馬格利特常常使用的錯視手法。他的獨特風格不限於此，與其他超現實主義畫家不同，馬格利特的肖像畫從無真實肖像，更沒有臉部，其中最著名的當然是那幅《人子》[15]（見左頁QR Code作品影片）。

他拒絕了所有偽善與虛榮，只顧天馬行空的創作。他甚至放棄了技法，而始終採用廣告插畫式的簡單手法，成為同時代超現實主義畫家中，唯一拒絕技法的。

正如他所說：「我認為我們對宇宙是負有責任的，但這並不意味著我們決定一切。」

博物館的魅力就在於作品集中展示與現場感。在其他地方，你無法見到如此之多的馬格利特作品。許多並不知名的作品，讓我驚奇。比如在一幅畫中，一頭獅子和一個舊沙發，還有一些亂七八糟的東西，雜亂的堆在一塊陸地之上，飄浮於太空（見下頁圖）。在另一幅畫中，天空中有一隻碩大的飛鳥，鳥身由藍天白雲構成。

如果你也去過達利博物館（Teatre Museu Dali），就會發現同為超現實主義大師，達利（Salvador Dali）作品與馬格利特作品大為不同。馬格利特作品的特別之處在於畫面內容更為易懂，意象簡單，元素多為日常生活中常見之物，比如房屋、森林和天空等。但這些常見元素組合在一起，往往會產生奇妙的效果。也正因為是常見元素的組合，因此產生的奇異之美也更具衝擊力。

▲馬格利特作品影片。

15 *The Son of Man*，又名《戴黑帽的男人》。

二〇〇九年才正式開放的馬格利特博物館，成為我在布魯塞爾流連最久的地方，同時也是我的博物館之旅中購買明信片最多的地方。我非專業人士，也不敢妄言懂藝術，但馬格利特著實讓我見到了藝術的奇妙世界。

當然，還有這種奇妙幻想中的憧憬——馬格利特曾說過：「未來對我來說就是世界的終結，一百年後我的畫有無價值與我並不相干，那時候它們可能只擁有歷史的價值。問題在於，一百年後人們或許會發現我早已發現的東西，卻不再一樣了。」

會嗎？

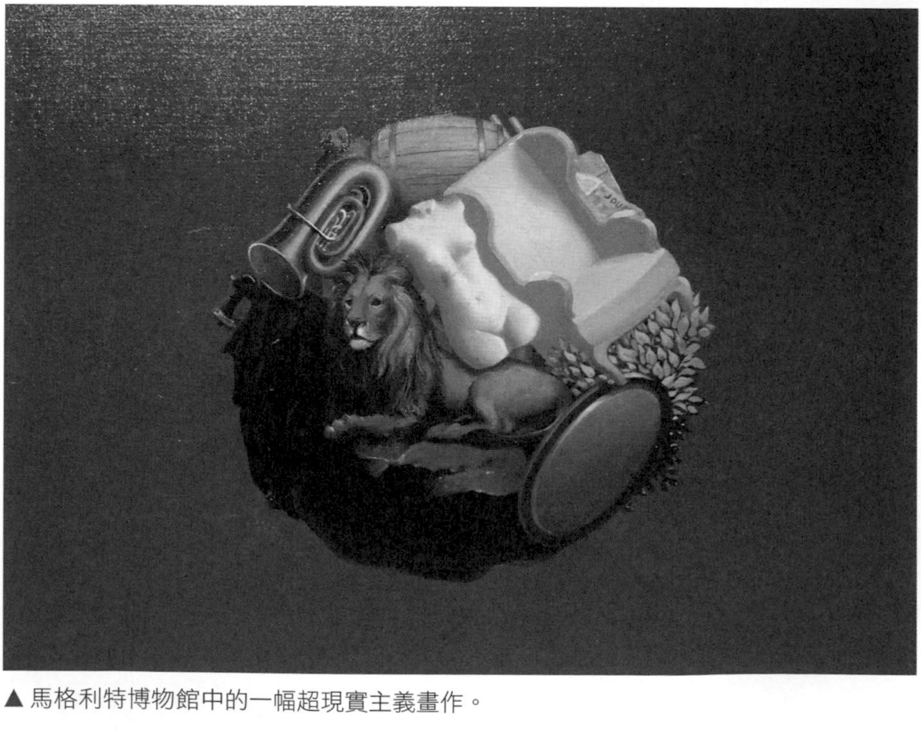

▲馬格利特博物館中的一幅超現實主義畫作。

比利時篇

10《馬拉之死》，歐洲文化的反思

站在《馬拉之死》（*La Mort de Marat*，見下圖）前，我驚喜萬分，拉著兒子開始碎碎念：「你知不知道？爸爸小時候見過這幅畫，不過是在書上，而且是黑白的。你看你多幸福，直接來博物館裡看真跡！」

《馬拉之死》是我童年時最熟悉的西方名畫。之所以熟悉，是因為一九八〇年代資源依舊匱乏，可讀的書不多。繪本基本沒有，能買到的除了《三國演義》等古典白話小說，就是評書的單行本，如《說唐》[16]和《楊家將》之類，外加一套《上下五千年》[17]和《世界五千

▲《馬拉之死》。

16《說唐演義全傳》的簡稱，是一部描述隋平陳到唐太宗登基的歷史演義小說。

17 中國作家林漢達、曹余章編著的一部關於中國歷史的通俗歷史讀物。

年》[18]。即使如此，在小學生當中，我的閱讀資源已算是相當不錯的了。

幾年下來，這些書簡直被我翻爛了。六本一套的《世界五千年》，幾乎是我所有世界史知識的來源，而其中法國大革命的部分就以《馬拉之死》為插圖。

相較於我年少時的資源貧瘠，兒子顯然幸福得多，那年他才七歲，就已經是洲際旅行的「熟客」，並在比利時皇家美術館裡得見《馬拉之死》的真跡。

位於布魯塞爾的比利時皇家美術館，是比利時最重要的美術類博物館，毗鄰比利時王宮。比利時有輝煌而悠久的美術傳統，中世紀的法蘭德斯經濟發達，城市興盛，也誕生了魯本斯（Peter Paul Rubens）等大師級人物，留下了眾多傑作。

十八世紀末，拿破崙軍隊占領了布魯塞爾，將皇宮、教堂和修道院裡的珍貴畫作搜刮一空，並帶回羅浮宮（Musée du Louvre）。不過，羅浮宮很快就因拿破崙的戰利品太多而空間不足。一八〇一年，拿破崙政府開始將一些藝術品分流至治下的其他城市，其中也包括布魯塞爾。一七九八年，比利時皇家美術館在如今的館址開放，不過當時的建築還相當粗陋。

拿破崙政權垮臺後，包括魯本斯的祭壇畫在內的眾多名作終於得以回歸比利時。比利時獨立後，又掀起了名作回流潮。尤其是一八四二年，美術館由市政所屬變為國家所有，其地位變得更高，吸納藏品也更多。到了一八八七年，展館的全部設計與建造也終於完成，也就是如今的模樣。因為主建築僅有三層，所以美術館一直向下發展，使得地下有八層之多。

如今的皇家美術館，收藏著十五世紀至十九世紀的大量名畫，藏品過萬幅，尤其是法蘭德斯的羅傑爾・范德魏登（Rogier van der Weyden）、布勒哲爾（Pieter Bruegel de Oude）和魯本斯等大師的傑作。此外，克諾普夫（Fernand Khnopff）和德爾維爾（Jean Delville）等十九世紀末比利時象徵主義畫家的作品也極為豐富。

魯本斯廳是皇家美術館的重中之重，廳中擺滿巨畫。魯本斯這位生於一五七七年，去世於一六四〇年的法蘭德斯畫家，是早期巴洛克畫派的代表人物，風格華麗，尤其是肖像畫技巧完美。

在魯本斯的作品中，宗教畫所占比重極高。這也並非個例，幾乎在每個歐洲古典美術館中，宗教畫都不少。酷愛宗教畫的我，便可一次次流連，觸摸畫中故事。在展品中，既有傳統宗教畫，也有一些奇詭想像的宗教畫。

要說鎮館之寶，當數被視為國寶的《叛逆天使的墮落》（*The Fall of the Rebel Angels*）。這是老彼得・布勒哲爾的作品，這位被嚴重低估的繪畫大師，被譽為「十七世紀尼德蘭繪畫的開拓者」、「法蘭德斯繪畫三大巨匠之一」。

古樸率真的畫風宛若清流，迥異於人們熟悉的巴洛克和洛可可等風格。在他的作品中，農民場景和風景畫主題最為常見，巨幅的寫實畫作，確實讓人耳目一新。不過那幅

18 以故事形式系統介紹世界史。

《叛逆天使的墮落》（見下圖），仍然是宗教畫，畫中主角是大天使米迦勒（Michael）正在斬殺叛逆天使。

還得說回我最熟悉的《馬拉之死》，它出自法國新古典主義畫派奠基人賈克—路易・大衛（Jacques Louis David）之手。

一七九三年七月十三日，法國大革命激進派的代表人物尚—保羅・馬拉（Jean-Paul Marat）遇刺身亡。七月十四日，法國召開國民大會，宣布這是保皇黨（royalist）的陰謀，並加以譴責。一位名叫希羅的代表呼籲畫家賈克—路易・大衛拿起畫筆為馬拉報仇，時為國民大會議員和人民教育委員會委員的大衛接受了這一任務。他觀摩事件

▲ 鎮館之寶《叛逆天使的墮落》。

現場，還將刺客留下的匕首和馬拉死去的浴盆搬回畫室，作為創作依據。

在畫作中，馬拉倒在浴缸中，鮮血從胸口流出，帶血的匕首落在地上。馬拉左手拿著刺客的信，右手握著筆，旁邊木箱上有墨水瓶和紙。馬拉身上的傷口如同十字架上耶穌的傷口，整幅畫充滿悲涼的美感和宗教意味。占據畫面一半的暗淡背景，給人一種壓抑感，也突出了馬拉的膚色、木箱的黃色、毛毯的綠色以及紙張的白色。

儘管法國大革命有許多陰暗面，激進派的所作所為也在此後的歷史中受到質疑，但大革命仍然是人類文明史上的光輝。而《馬拉之死》也是不朽的畫史傑作。我只能感慨，相較於童年的時候在《世界五千年》中看到的模糊黑白照片，真跡的衝擊力實在太強烈了。

與眾多歐洲大牌美術館一樣，比利時皇家美術館的展品擺放本身就是一門藝術。在空曠的展館內，不時有一、兩件雕塑藝術作品，將二維平面與三維空間有機結合，形成空間上的錯視。僅僅是這布局，就體現了審美上的大學問。

在美術館裡晃悠了幾個小時，走出展館時，眼前浮現的仍是古樸的街道。比利時這個彈丸小國，有著悠久而豐富的藝術傳統，也有著極佳的博物館體驗。皇家美術館的「皇家」兩字並非空言，比利時王室一直在資金上扶持皇家美術館，讓藝術成為布魯塞爾的生命，也讓每個來到布魯塞爾的人都能接觸到藝術。

對於歐洲各國王室而言，這都是極尋常的做法，卻足以讓我們慨嘆深思。

比利時篇

11 聽得見的博物館

說來也好笑，我對布魯塞爾樂器博物館的最深印象，居然是天臺上的餐廳！只因行前查閱各路攻略，總有人推薦這家餐廳。其實，我去了才知道餐廳只提供自助餐，雖然相當豐盛，但不算有特色。只是餐廳內有白色拱形天花板，極具童話色彩，餐廳外又可一覽布魯塞爾老城風光，所以這裡才變成布魯塞爾最熱門的餐廳。

樂器博物館所在的這座建築並不算高，天臺能成為一覽老城風光之地，一方面是因為布魯塞爾與歐洲眾多古城一樣，天際線被教堂所把持，另一方面則是因為樂器博物館位於藝術山，地勢相對較高。

其實，所謂「藝術山」，也只是個山坡而已。不過就在這個山坡上，比利時王宮、皇家美術館、馬格利特博物館和樂器博物館一起構成了布魯塞爾的博物館群，成了博物館控的必「打卡」之地。

外觀兼具新古典主義和新藝術風格的樂器博物館，是世界上最重要的樂器博物館之一，從一八七七年開始收集各類樂器，目前已有八千多件藏品，一些展品已有三百多年的歷史。

博物館最初並不在這裡，而是在王宮旁。眼前這棟建築，原先是一家一八九九年建成並開業的英國百貨公司，落成時就以建築之美而著稱。

由於藏品越來越多，老博物館不堪重負。二〇〇〇年，博物館搬至新址，其中展廳占據了四層樓的空間：一樓是機械原理與電子合成區；二樓是傳統樂器區，中國的笙簫和編鐘等就在這一層展出；三樓是西方音樂藝術區；四樓是弦樂與鍵盤樂器區。

如此之多的樂器，雖來自不同時期，但在小小的博物館裡構成了一部樂器史。每個展櫃不但有實物，還有配圖和說明，租借的語音導覽裡更有詳細介紹。一些展品上方還掛著相應的大幅油畫，體現其演奏場景和時代生活。

最難得的是，語音導覽還有模擬聲，你若靠近一件樂器，就可聽到該樂器奏響的聲音。這使得原本沉默的樂器藏品變得靈動起來。

對於布魯塞爾人來說，音樂博物館所承載的功能並不局限於收藏與展覽，每年的各種音樂會、研討會和主題展覽，它都承載著教育功能。

這就是博物館的傳承。歐洲有著悠久的博物館傳統，早已不是簡單的收藏，而是代表著時代記憶與審美趣味。樂器博物館也一樣，從十九世紀末開始，歐洲音樂家們開始收藏樂器，相關博物館也隨之興起。每件樂器的時代記憶、歷史價值、工藝技術和美學，就這樣一一呈現。人類文明之美，也就這樣一一呈現。

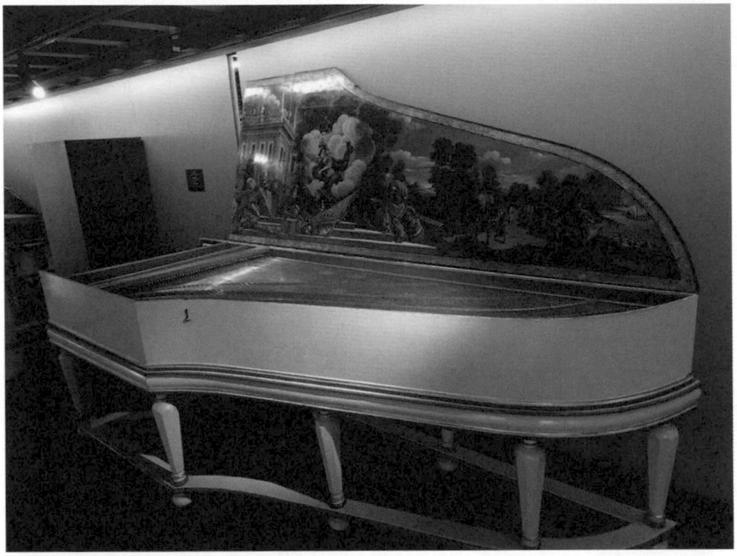

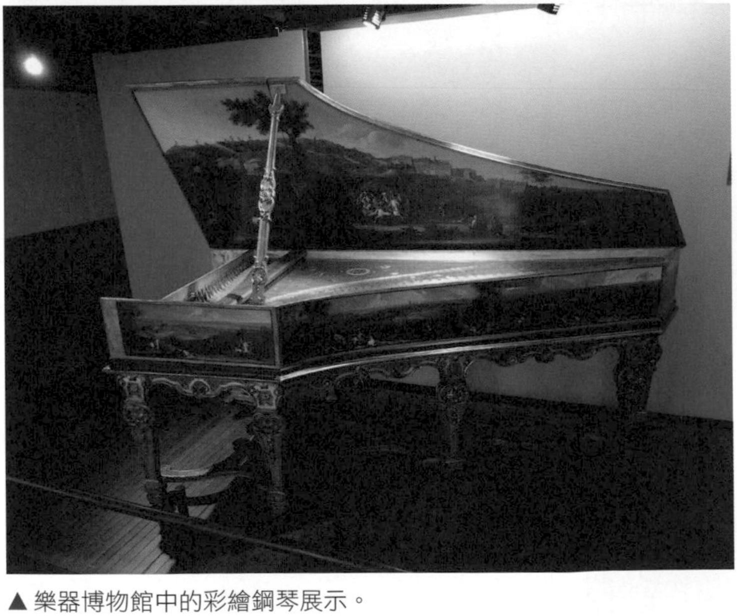

▲樂器博物館中的彩繪鋼琴展示。

荷蘭篇

12 阿姆斯特丹的寂寞天才——梵谷

第一次去阿姆斯特丹，出於逛博物館的考量，我將酒店訂在了博物館區一帶。誰知酒店旁沒有電車站，每次出門要搭乘電車，都得花十幾分鐘走到博物館廣場（Museumplein）前才行。結果，幾天時間裡，我在這段路上反覆走了N次，這一帶也就成了我最熟悉的地方。

每次經過博物館廣場，我都只有一個感受——人好多！荷蘭人口密度本就排名世界前列，阿姆斯特丹的人口密度更高，除了水壩廣場一帶，這裡也許就是阿姆斯特丹人最多的地方了。尤其是那個大噴泉四周，永遠坐滿了人，大草地上也密密麻麻都是人。

直面廣場的阿姆斯特丹國家博物館（Rijksmuseum）當然值得流連，它藏有林布蘭的《夜巡》（*De Nachtwacht*）、《猶太新娘》（*The Jewish Bride*）、《市政官》（*Syndics of the Drapers' Guild*）和《自畫像》，另外還有維梅爾的《倒牛奶的女僕》和《小街》（*Little Street*）。這個開放於一八八五年、位列世界十大博物館的建築，也是歐洲第一座純粹用於博物館展覽的建築。

不過，廣場側面的那棟建築顯然人氣更高，門前總是排著長隊。建築外立面掛著一幅大大的自畫像，它出自梵谷之手。

沒錯，這棟建築就是梵谷博物館（Van Gogh Museum）。儘管梵谷在阿姆斯特丹待的時間很短，但阿姆斯特丹是梵谷作品最集中的地方。

梵谷博物館最初的主體建築並不大，是按照每年六萬名參觀者的規模設計的。但近年來參觀者眾多，每年已超過百萬人次。所以在日本某公司資助下，日本建築師黑川紀章設計了新的展廳。

文森・威廉・梵谷，一八五三年三月三十日出生於荷蘭的津德爾特。四年後，他的弟弟，也是他一生唯一的朋友——西奧・梵谷（Theo van Gogh）出生。

從小孤僻的他，六歲就被送入公立學校，但因學校環境不佳，越來越叛逆，兩年後就退學了。他成長於牧師家庭，母親只允許他與所謂的上流社會交往，「同下層階級打交道則意味著將自己暴露在各種誘惑之下」。結果梵谷十一歲之前都很少外出，以至於完全無法適應社會，頻頻轉學。

成年後，梵谷也曾做過公司職員，但因引薦他入公司的叔叔病退，上司順勢抹黑早已看不順眼的梵谷，使之陷入流言之中，這也使得梵谷被家族視為恥辱。後來在他外調倫敦期間，又因英語不好而在家中自閉。

在這種艱難生存的狀態下，唯有畫畫能讓他尋得心靈安居的空間。最初，梵谷受荷蘭傳統繪畫的啟蒙，在英國期間則接觸到英式畫法，只是他並不喜歡。

直到一八八三年，他才開始畫油畫。在那前後，他曾輾轉於阿姆斯特丹和安特衛普，也曾就讀於如今赫赫有名的比利時安特衛普皇家美術學院。另外還曾兩度赴巴黎，結識塞尚（Paul Cézanne）等人。他的畫風受法國藝術影響，色彩越來越明亮。

一八八八年，梵谷來到普羅旺斯（Provence）的小城亞爾（Arles）定居，在這裡他終於找到了屬於自己的繪畫風格。也是在這裡，他因失望自責割掉了自己的左耳。次年，他入住同樣位於普羅旺斯的聖雷米療養院（(Maison de Santé St-Paul de Mausole），使得這座小鎮如今成為梵谷迷必去之地。一八九〇年七月，他在病中開槍自殺，年僅三十七歲。

生前只賣出過一幅畫的梵谷，去世後卻成為世界的寵兒。他在短短一生中留下了八百六十四張油畫、一千零三十七張素描和一百五十張水彩畫。其中，有三十五幅他最喜歡畫的自畫像，十一幅向日葵。

在博物館裡，到處都可以看到梵谷的作品，還有他的書信等舊物。其中，畫作有兩百幅，素描作品有數百件。《向日葵》（*Sunflowers*）、《黃房子》（*Het gele huis*）和《吃馬鈴薯的人》（*The Potato Eaters*，見下頁圖）等名作都展於此館。

儘管梵谷的母親從小就不允許他與底層來往，也一度造成了梵谷的自閉，但在梵谷的作品中，總能見到悲憫情懷。如《吃馬鈴薯的人》便是如此，在這幅畫中，有低矮房間、狹小餐桌和昏暗油燈，每個人都一臉滄桑，並伸手抓起盤子裡的馬鈴薯。

最可貴的是，梵谷對於馬鈴薯、向日葵、麥田、豌豆花等泥土氣息十足的事物十分喜愛。從早期畫作開始，梵谷就熱衷於畫質樸的風景和靜物。他的畫色彩熱情而富有感染力，奔放誇張，但與「華麗」兩字絕緣，反而顯得樸素雋永。向日葵、星空和杏花枝這三大意象，最為人們所熟知。可惜的是，十一幅向日葵畫作中僅有一幅藏於梵谷博物館，最美麗的畫作《星夜》（*The Starry Night*）也在美國，倒是杏花枝的畫作，在梵谷博物館中比比皆是。

博物館裡總是人頭攢動，連一樓的紀念品商店也擠滿了人，人們總會挑選幾張明信片帶走。因為明信片上都是梵谷的畫作，最暢銷的總是名畫的那幾張，比如自畫像和向日葵。相較於明信片的廉價，梵谷真跡早已是天價。一八八八年，他的《向日葵》標價五百法郎，大概相當於

▲《吃馬鈴薯的人》。

一百美元，到了一九八七年，它已經拍出近四千萬美元的高價。

沒有西奧，就沒有梵谷

就像梵谷寫給弟弟西奧的信中所寫的那樣：「如果我的畫賣不動，我也沒有任何辦法。但那一天終將到來。人們會認識到這些畫要比我花在上面的顏料、我困頓的生計，更有價值。」

有心人會對梵谷博物館裡的信件很感興趣，那都是梵谷與弟弟西奧之間的信件。

一八八一年到一八九〇年間，西奧在巴黎經營畫廊，其間賣出了一千多幅畫作，可以說是印象派畫作的主要推動者。

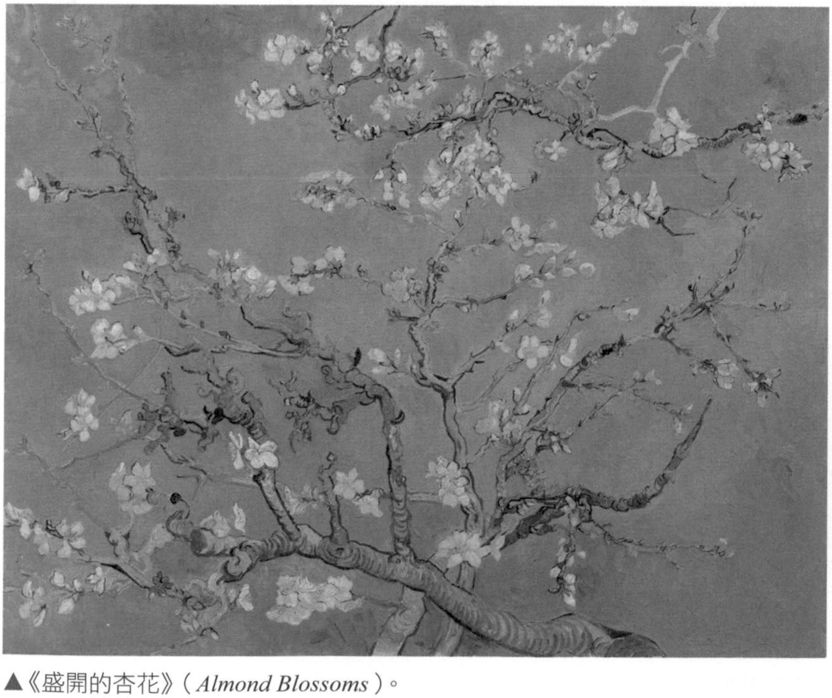

▲《盛開的杏花》（*Almond Blossoms*）。

他曾賣出莫內（Claude Monet）的七十幅作品，也賣出不少高更（Paul Gauguin）和畢沙羅（Camille Pissarro）的作品。連我眼前的梵谷博物館，都是西奧的兒子文森特（Vincent）於一九七〇年代建造的。

比梵谷小四歲的西奧，是梵谷最親密的人。正是西奧對梵谷的建議，使之堅定的走上繪畫之路，也正是西奧對梵谷的照顧，才使得梵谷可以在短暫一生中留下如此之多的璀璨畫作。

據考證，梵谷第一次寫信給西奧是在一八七二年，當時他十九歲。最後一封信寫於一八九〇年自殺時，信上還留有斑斑血跡。

在這十八年間，梵谷至少寫過九百封信給西奧，其中有不少是八頁、十頁的長信。梵谷甚至將這些信件當成了日記，記錄自己的人生，還有對各種事物的看法。若無這些信件，後人很難探知梵谷的內心世界。西奧是他唯一的傾聽者，梵谷曾寫道：

事實上，除了你，我沒有別的真正朋友，當我情緒不好時，總是想到你。我只希望你也能在這裡。這樣我們就可以再度一起到田野裡散步……我又要把錢都支付殆盡了——房東、顏料店、麵包店、食品店、鞋匠，天知道還有什麼，最後只剩下一丁點兒。最糟糕的是，在度過許多雷同的一個星期又一個星期之後，人時常會覺得精力耗盡，一種疲乏的感覺把人都給壓垮了。

今天我沒做什麼事，卻突然被一種深深的失望給壓倒了，可我又無法將其確切的表述出來。正是在這種時刻，一個人往往希望自己是鐵打的，討厭僅僅只是一副血肉之軀。

今天一大早，我已經寫過一封信給你，但我才剛剛把它寄走，突然間，我的所有麻煩好像都向我撲來。我的麻煩像是沒完沒了，因為我再也無法看清楚未來。我不能把它拋到一邊。我不明白，我為什麼在事業上總是打敗仗。我全身心投入進去，如今看來這卻是一個錯誤，至少有的時候是這樣。可是，老弟，你知道在實踐中、在真實的生活中，一個人應該把力量、生活和精神傾注到何處呢？

一個人必須承受風險。即是說，我要做確定了的事情，看它完成。有時會證明這是錯的，因為如果旁人對之毫不關心，一個人就會陷入難以擺脫的困境。但是，一個人到底是需要關心，還是不需要關心呢？我認為一個人應該不必對此感到苦惱。可有時情況又變得太糟，這樣，一個人就不能不感到悲哀，哪怕他仍有別的希望。

梵谷最終沒有堅持下去，他選擇了自殺。西奧悲痛欲絕，身體迅速垮掉，六個月後也告別人世，兩兄弟被葬在同一塊墓地裡。

梵谷的不幸，在於當時幾乎沒有人能懂他的藝術，也幾乎沒有人能懂得他的內心世界。但他的幸運在於，唯一懂他的西奧始終陪伴著他。對於大多數寂寞的藝術家而言，這幾乎是奢望。

即使今天，世間懂得梵谷的人也不多吧。無數人能夠在畫作中汲取養分，卻無法走入梵谷的內心世界。不過可以確定的是，儘管梵谷生前與阿姆斯特丹交集不多，但這座自由奔放的城市，與梵谷的恣意揮灑無比契合。唯一不同的是，梵谷的濃烈色彩下是骨子裡的灰暗，而眼前的阿姆斯特丹，藍天白雲下滿是青春與歡快。

荷蘭篇

13 世界上最會賺錢的兔子

有一隻兔子，樣子平凡無奇，最大特徵是有一個「×」形的嘴巴。不過，它的故事已被翻譯成五十多種語言，全球發行近億冊。更重要的是，它的肖像權在全球範圍內銷售，涵蓋多個行業。一年光靠「賣臉」就能賺上一・五億歐元，絕對是世界上最會賺錢的兔子。

二〇〇〇年，是這隻兔子誕生的第四十五年。它的粉絲呼籲要讓它成為「世界上收到最多生日賀卡的卡通人物」。於是，三・八萬張生日賀卡從世界各地寄往它的家鄉——荷蘭的烏特勒支，同時這個數字也入選了金氏世界紀錄。二〇〇五年是它五十歲生日，它又收到三・九六萬張賀卡，再創新紀錄。

▲米飛兔博物館的一角，及影片介紹。

它就是米飛兔（miffy）。米飛兔的故事便發生在烏特勒支。
烏特勒支是荷蘭最古老的城市之一，羅馬帝國於西元四八年在這裡建城。老城與大多數荷蘭城市一樣，以運河為脈絡，以老建築為肌理。另外它也是一座藝術之城，擁有眾多博物館。中央博物館（Centraal Museum）有著眾多應用藝術作品，大教堂附近有一座音樂盒博物館（Museum Speelklok），歐洲唯一的原始藝術博物館（Aboriginal Art Museum）也在這裡。因為當年荷蘭殖民的緣故，它還有一座馬魯古博物館（Museum Maluku），對印尼東部摩鹿加群島[19]摩鹿加文化遺產的研究比印尼本土還要強得多。一九二七年成立的鐵路博物館（Railway Museum），展出六十多臺蒸汽火車，講述著荷蘭鐵路的歷史。

不過，對於遊客來說，第一站也許總是米飛兔博物館（Nijntje Museum）。
嚴格來說，米飛兔博物館的名字應該是迪克．布魯納博物館（Dick Bruna Huis）。這裡的迪克．布魯納（Dick Bruna）是米飛兔的作者。一九二七年，他出生於烏特勒支的一個富裕家庭。他的祖父和父親都是當地富商，經營著荷蘭最大的出版社。身為家中長子，迪克．布魯納自然被視為首選繼承人。因此，家裡將他送到倫敦和巴黎留學，以接受最好的教育，同時接觸圖書銷售和出版的專業知識，希望他可以繼承家族產業。
可是，迪克．布魯納根本不喜歡做生意，也不喜歡出版行業，他最喜歡的是畫畫。如果放在今天，大家一定會說他「如果不好好畫畫，他就要回家繼承億萬資產了」。
在倫敦和巴黎留學時，他對出版行業的專業課程沒有興趣，終日只是流連於博物館和美術館。第二次世界大戰期間，他被迫中斷學業，回到荷蘭。儘管戰火喧天，他也悠然自得。而且，因為戰時生意蕭條，他也無須參與家族生意。在此期間，家裡人也不再逼他接管家族生意，使他可以潛心畫畫。一九五一年，他得以前往阿姆斯特丹學習繪畫，並做起了插畫師。

一九五五年，兒子玩兔子玩偶的場面讓他想起了自己曾經養過的兔子，於是便順手畫了一隻兔子。從此，米飛兔這個風靡全球的漫畫形象正式誕生。一開始，迪克．布魯納並沒有刻意設定米飛兔的性別，直到一九七〇年，在米飛兔系列的第六冊繪本《米飛過生日》（*Miffy's Birthday*）中，他首次給米飛穿上了花裙子，從而確定了米飛的女生身分。

米飛兔的線條非常簡單，顏色也只用到了紅色、黃色、藍色和綠色，十分清新簡潔。迪克．布魯納曾說過：「橙色是紅色加黃色，紫色是藍色加紅色，這些顏色不夠直接，我不喜歡。我要畫最簡單的畫，顏色也是，必須簡單直接。」

在米飛兔誕生後的半個世紀裡，迪克．布魯納始終堅持這種樸實的創作風格，哪怕是節日和重大紀念日，他也不會讓米飛兔換裝。僅僅依靠鉛筆，迪克畫了幾十年，他對米飛兔的創作理念就是——簡單點，讓一切都變得簡單點。

19 Kepulauan Maluku，又譯馬魯古群島，有時被稱為東印度群島。

二〇〇六年，也就是米飛兔誕生五十週年，烏特勒支的米飛兔博物館正式開館。這個只有兩層的博物館與一般的博物館有很大不同，除了一樓的一個小展廳裡展示了迪克・布魯納的一些手稿和不同版本的《米飛兔》之外，並沒有太多展品。換句話說，這裡更像一個米飛兔主題遊樂園。

它有大量互動區域，比如讓孩子認識空間和形狀的積木區，讓孩子認識交通工具和交通規則的交通區，還有提供蠟筆、白紙、剪刀等工具的塗鴉區。而其中最受歡迎的則是一個名叫「米飛兔之家」的空間。它按照現代家庭格局來設計，一樓是客廳和廚房，二樓是臥室和洗手間，孩子們在裡面扮家家酒，簡直個個都不想出來。

為什麼米飛兔博物館變成了一個遊樂園？因為相較於一般博物館的莊重，迪克・布魯納更喜歡簡單的快樂。他沉浸在這種簡單的快樂裡，生活同樣極簡。從一九五〇年代到二〇一一年，他每週都工作七天，每天早上五點起床，以妻子的日常瑣事為題材，為妻子畫一幅畫。吃過早餐後，他就騎自行車到工作室畫畫。中午回家吃飯，下午回工作室處理一些行政事務。到二〇一一年，他無法握筆之時才宣布退休。他生在富豪家庭，視金錢如糞土。一輩子沒為生計發過愁的他，安享著自己的童話世界。甚至當有人問他透過米飛兔賺了多少錢時，他也只能如實回答一句：「不知道」。

二〇一七年二月十七日，迪克・布魯納在睡夢中安然離世，享年八十九歲。值得一提的是，出生於一九二七年的他，在中國傳統生肖裡恰好屬兔。

荷蘭篇

14 我從布雷達小鎮，體會荷蘭人的好客

我與布雷達的初見是在便利店，至於離開則是在停車場。這個位於荷蘭南部的邊境城市，是從荷蘭前往比利時的必經之地，也是我停留之地。我看到停車場旁剛好有一家便利商店，便趕緊進去購買補給。

之所以有此衝動，是因為荷蘭人生活過於簡樸，除食物外，購買東西較少。因此想找個超市非常不容易。有時開車錯過一座城郊超市，就得開到下一個城市才能找到。所以我們在荷蘭多日，早已養成看到超市或便利商店就進去看看的習慣。

身為罐頭迷，我在歐洲超市裡最喜歡的便是看那琳琅滿目的罐頭。與中歐不同，緊靠海邊的荷蘭，罐頭以魚類為主。滿滿一貨架的魚罐頭，讓我看了又看，挑了又挑。不過便利商店裡最吸引我的，還是整整一面牆的雜誌，歐洲人喜歡閱讀，便利商店和超市裡賣書、賣雜誌一點都不奇怪。但荷蘭的雜誌種類真是特別多，各種時事、時尚和體育雜誌應有盡有，封面讓人眼花繚亂。

至於離開是在停車場，看起來是句廢話，其實自有故事。話說我們離開布雷達時，已是晚上九點半，停車場位於幾棟建築圍繞的一個院子內。院子的中世紀拱形大門處有

一道閘口，人工繳費或者在收費機上繳費即可駛出。但問題恰恰出在這裡，管理人員已下班，而我們的晶片卡，又莫名其妙的在那臺收費機上無法使用。

正當我們打算走出停車場，去街上找人幫忙時，一抬頭卻看到停車場背後的公寓樓上，有戶人家正坐在陽臺上聚會。幾個人坐在沙發和凳子上，拎著酒杯聊天。他們也看到了我們，畢竟在停車場折騰這麼久的人也很少見。當我們目視他們時，對方很自然的問出了那句：「你們需要幫助嗎？」

於是，我們就隔著幾層樓，扯著嗓子溝通起來。當對方知道我們的晶片卡無法使用時，立刻派了個人下來，幫忙刷了卡。公寓的陽臺雖然正對停車場，但兩者間並無通道，對方可是足足繞了半條街才到達這裡。當我們想塞給對方等值現金時，對方擺擺手說不用，隨即笑呵呵的跑開了。在德國、捷克、波蘭、塞爾維亞等地，我都曾遇到過類似的事情，算下來也欠下歐洲人民好幾筆停車費。

事情雖小，卻很容易讓人對這座城市心生好感並難以忘卻。

一二五二年擁有城市自治權的布雷達，最初是沿河而建的，而且當年可是荷蘭王室拿索家族的誕生之地。如今，這裡已成為荷蘭的工業重鎮、大機器製造業中心，它的食品、冶金和紡織工業也相當有競爭力。雖然人口只有十一萬，但在荷蘭已是不折不扣的大城市。它雖有著悠久工業史，但同時也是荷蘭最宜居的城市之一。老城的古樸愜意，新城的現代化便利，都讓居民受益匪淺。

一二六九年始建的哥德式大教堂是布雷達的地標，九十七公尺高的塔樓是老城的制高點。另一個地標——布雷達城堡（Breda Castle），是當年拿索家族誕生的地方，也是《布雷達和約》（*Treaty of Breda*）簽署之地。

《布雷達和約》簽署於一六六七年七月三十一日，當時正是第二次英荷戰爭期間。荷蘭軍隊奇襲倫敦，英軍大敗，再加上瘟疫和倫敦大火，英軍無力再戰，遂與荷蘭簽署《布雷達和約》。在和約中，英國放寬《航海法案》[20]，放棄在荷屬東印度群島的權益，並歸還了在戰爭期間奪取的荷屬蘇利南（Suriname）；荷蘭則正式割讓哈德遜流域（Hudson River）和新阿姆斯特丹（今紐約），並承認西印度群島為英國勢力範圍。換言之，這是一個劃定勢力範圍的和約。

舊時海上爭霸的硝煙，如今早已了無痕跡，荷蘭雖然早已失去了海上馬車夫的榮光，卻始終是世界上最富庶也最具活力的國家之一。至於布雷達，則充分體現了荷蘭的超高人口密度，從下午到傍晚，以大廣場和大教堂為中心，向四周發散的每條石板路上都布滿餐廳和咖啡館，裡裡外外也總坐滿了人，桌子一直擺到路中間。這樣做不怕碰到行人嗎？不怕！反正這一帶全是步行街。大家喝著咖啡、吃著飯、聊著天，看著太陽一點一點下山。

大廣場曾是遠近聞名的肉製品市場，一五三四年的一場大火導致舊建築大量焚毀，因此如今看來新舊雜陳。因為這裡人太多，連廣場的中央都擺滿了周邊餐廳和咖啡館的

20 *The Navigation Acts*，又譯作航海條例。

桌椅，人們依舊坐得密密麻麻，想找個空位都難。

我們找了許久，發現有一塊難得的空地，正被一個樂團所占據。二、三十人圍成一個圈，樂器盒堆在中間，街頭演出便開始了。他們中間有老人、有中年人，還有不少孩子，且每個人面前都有曲譜架。不同的樂器聲、人聲交合在一起，露天交響樂就這樣奏響了。他們的穿著非常隨意，指揮是一個穿著圓領T恤、短褲和涼鞋的大叔。雖然大家的穿著十分隨意，可演奏起來一點也不隨意。

即使整個大廣場一帶因為餐廳太多客人也太多，簡直人聲鼎沸，但這個樂團的演奏和歌聲，仍能清晰的傳遍每個角落。就這樣，樂團的演奏伴隨了我們整個晚餐的時間，這算不算偶遇的美好？

▲荷蘭布雷達的街景。

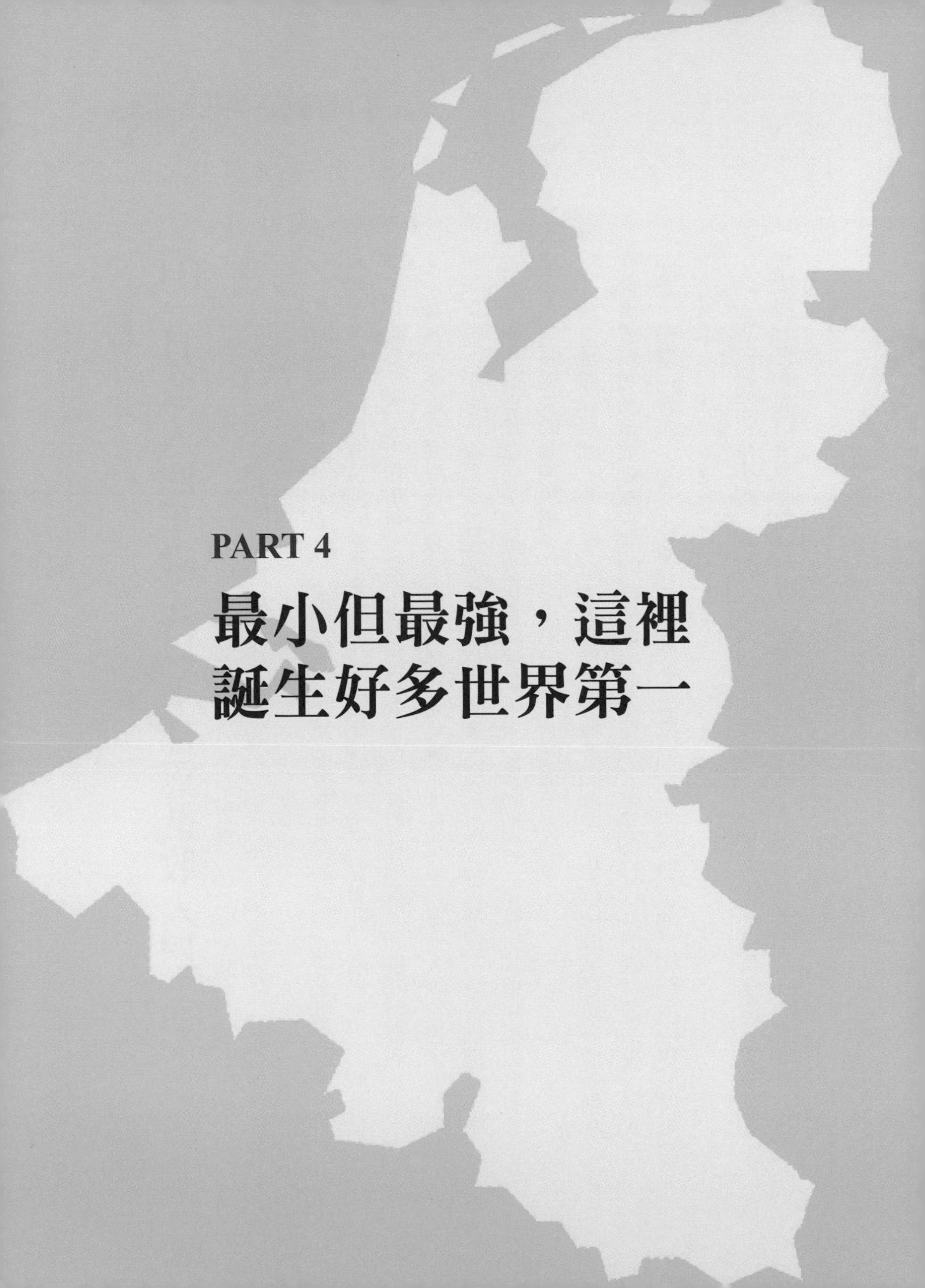

PART 4
最小但最強，這裡誕生好多世界第一

盧森堡篇

01 月收入四千歐元以下都算低收入戶

眼前的佩特羅斯大峽谷，一如那些經典的盧森堡風光照片，帶著夢幻般的氣息。在我腳下，是沿阿爾澤特河（Alzette）所建的防禦城牆，當年曾有陡峭階梯，上至城牆頂端。在防禦功能失去作用後，它便成了觀景臺，現今被譽為「最美的歐洲陽臺」。

身為一個建築愛好者，我一向對自然風光無感，即便是佩特羅斯大峽谷也未能給我帶來震撼。不過任誰都不能否認，從這個「陽臺」望出去，景色奇佳。峽谷幽深，滿眼綠意，樹木高低錯落，遠處的大橋和古堡都是盧森堡的地標，在綠樹映襯中星羅棋布。那座名為阿道夫的高架拱橋，正是得名於當年的阿道夫大公。

這不是盧森堡唯一的大峽谷。盧森堡是一個多山國家，也以山間城堡眾多而著稱。從經濟發展角度來說，盧森堡的自然環境並不理想。雖然有三〇%的森林覆蓋率，風景如畫，但境內多山，適合人居住的土地非常有限。也正因此，盧森堡的人口也高度集中，城市人口比例高達九〇%。

一說起這些富裕小國，就有人用人口少來說嘴，其實按照人口密度來說，盧森堡相當擁擠。它的人口密度達到每平方公里兩百二十五・一人，而中國的人口密度是每平方公里一百四十四．三人[1]。當然，中國人口分布很不均衡，北京和上海每平方公里的人口密度早已超過一千人，廣東也超過了六百人。但不管怎麼說，盧森堡的人口密度與中國的中部省分基本相當，約略等於山西省。

最糟糕的是，盧森堡竟然沒有出海口。如果類比的話，完全可以參照尼泊爾和寮國。也有人說，雖然是內陸國，但旁邊都是已開發國家，這就是天然優勢啊。可如果認為臨近已開發地區，經濟發展就可以跟著受惠的話，那就太幼稚了。如江、浙、滬周邊省分，珠三角旁的清遠、韶關、河源、梅州，就是最好的例子，發展遠不如預期。

但盧森堡不一樣，它不僅發展遠超預期，甚至超越了周邊的沿海已開發強國。那麼，它是如何做到的？

前面已介紹過盧森堡經濟三大產業——鋼鐵、金融和廣播電視。但是，盧森堡的亮點可不僅僅在鋼鐵、金融和廣播電視這三大支柱產業，它的亮點還有很多。比如旅遊業就是其中之一。一般來說，越是小國，航空業和運輸業就越不發達，往往需要依賴周邊國家。神奇的是，盧森堡卻是個例外。雖然其海運依託荷蘭的鹿特丹等港口，但在航空領域，**盧森堡貨運航空公司可是歐洲最大的貨運航空公司，占據全球市場份額的四%**。

盧森堡政府作為世界上最高效、最廉潔的政府之一，表現也十分出色。因為工商業

1 臺灣的人口密度為每平方公里六百四十二．八四人。

極度發達，政府可支配財政收入也水漲船高。更難能可貴的是，盧森堡政府將稅收基本用於國民福利。因此，盧森堡一直保持著低失業率，貧富差距小。二〇一七年，盧森堡的最低工資標準是每月兩千歐元，月收入在四千歐元及以下的都會被政府納入低收入，領受補助。

盧森堡的成功，最大的倚仗就是持之以恆的開放態度。因為國土面積小、資源總量少，盧森堡一直堅持開放政策，即尋求與周邊國家的合作。早在一八四三年，盧森堡就與德國建立關稅同盟，並打入德國市場。一九二一年，盧森堡與比利時建立經濟同盟關係，一九四四年又將荷蘭納入這一同盟。第二次世界大戰後，盧森堡一直是歐洲一體化的主要宣導者和先行者，也是當年歐洲共同體的六大創始國之一。

黃昏時，站在憲法廣場（Place de la Constitution）上，望向大峽谷。不斷有人從廣場的一條地下通道走下峽谷。當年為了防禦，盧森堡人曾在這裡沿山修建要塞，並以岩石峭壁為天然防禦。要塞內四通八達，還有許多洞穴，是值得探險的好地方。其中，沿峽谷而建的貝克要塞（Casemates du Bock），已列入世界文化遺產名錄。

要塞建成後數百年間，這裡曾因戰略地位重要而被反覆爭奪，直到一八六七年才終止戰爭功能，並拆除堡壘，最後僅保留了十七公里長的城牆。現在，沿著要塞的通道可以一直走到被參天大樹覆蓋的谷底。

憲法廣場是盧森堡開放與自由的見證，三色國旗在廣場上飄揚。在紅白藍三色組成的盧森堡國旗中，紅色象徵熱情和勇敢，白色象徵純樸與和平，藍色象徵光明和幸福。

最引人注目的當然是廣場紀念碑頂端的金色少女像。第二次世界大戰期間，這座少女雕像曾被納粹嚴重破壞，殘存部分也一直到一九八一年才被發現。即便如此，盧森堡還是舉國募捐修復雕像，於一九八五年將其重新樹立於憲法廣場上。

峽谷下方有個三角形小平臺，也是舊時要塞留存的痕跡。平臺上有漂亮花圃，一對年輕人正坐在平臺上聊天，這是我在盧森堡見到的最美景象，我認為這也恰恰說明了自由的意義。

當天回酒店時，因為不愛走回頭路，又貪新鮮的緣故，我們沿著橋走下峽谷，又兜兜轉轉走進一片住宅區。眼看著離酒店越來越遠，迫於無奈，只好乖乖走回峽谷，再拾級而上，回到憲法廣場。在住宅區所見的盧森堡，簡單而真實。一棟棟老建築優雅而立，豪華轎車與普通家用車並存，以盧森堡人的收入和高福利，購買豪華轎車輕而易舉，但他們仍有著歐洲人特有的簡單務實，仍不會放棄普通家用車。這個國家的美好與簡單，已是一種和諧。

▲ 峽谷下方的三角形小平臺。

盧森堡篇

02 小國煉鋼鐵，照樣拿世界第一

午後的盧森堡，街道整潔乾淨，行人稀少，藍天白雲下的街道自帶「美顏」效果。你很難想像，這個風景如畫的國家居然是以工業起家的。

十九世紀時，盧森堡還是一個極其貧窮落後的內陸國家，八〇%的人口從事農業，許多家庭無法維持基本生活，以至於有三分之一的本國人口只能跑去其他國家謀生。

盧森堡的第一桶金來自鐵礦資源。它擁有世界上儲量最大的鐵礦，估計儲量約為二．九億噸，而且品質極佳。換句話說，盧森堡人躺在鐵礦

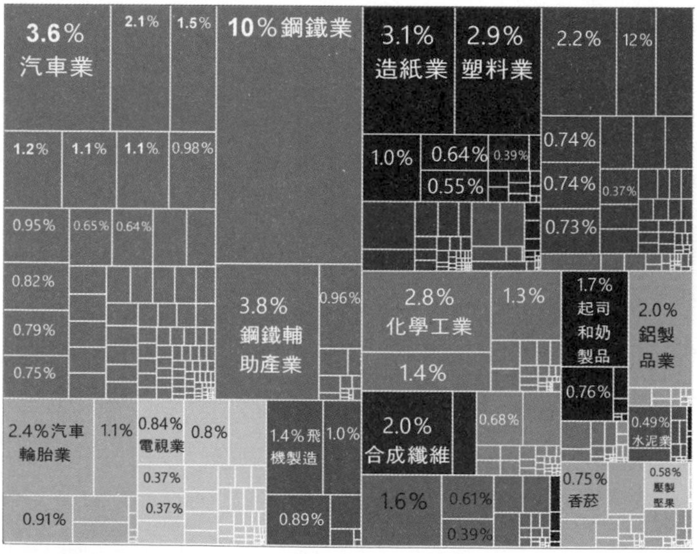

▲盧森堡經濟結構示意圖（2019 年），選自歐盟統計局發布的《2020 年歐盟 27 國政府財政與赤字報告》。

上便可以衣食無憂。

當然礦產資源豐富的地方很多，但不是每個地方都發達。如石油儲量位居西半球第一的委內瑞拉，銅鉬礦石產量居亞洲第一的蒙古，都是反面例子。

盧森堡的可貴之處，在於它很早就知道不能將鐵礦資源粗放經營。一八五八年，盧森堡建立了第一座用焦炭煉鋼的高爐。一八九七年又發明了對褐鐵礦石含磷成分處理的新辦法，一舉提高了冶煉質量，還降低了成本。與此同時，作為冶金業副產品的脫磷[2]爐渣又是很好的化肥，農業產量也隨之大大提高。

一九一一年，阿爾貝德公司（Arbed）成立。一九一三年，該公司鋼鐵產量已占盧森堡鋼鐵產量的三一％。此後，鋼鐵一直是盧森堡經濟的命脈。即使是一九七〇年代中期，在全球性鋼鐵危機的巨大衝擊下，盧森堡仍然依靠政府的資金扶持、減產裁員等手段度過難關，並在一九八〇年代實現了復興。

盧森堡鋼鐵業的第二次轉折發生在一九九〇年代。當時，由於鋼鐵產品在全世界範圍內供大於求，行業再度陷入蕭條。此時，盧森堡並未一味依靠政府資金扶持，而是將升級改造放在了第一位。一九九三年至一九九七年，阿爾貝德公司進行了戰後最大規模的投資改造，投入五十億美元建成三座現代化電弧煉鋼爐。

2 減少鋼液中含磷量的化學反應。磷是鋼中有害雜質之一。含磷較多的鋼，在室溫或更低的溫度下使用時，容易脆裂，稱為「冷脆」。

到了一九九七年八月底，盧森堡關閉了境內最後一座傳統高爐，正式告別礦石煉鋼，步入電弧爐煉鋼新時代。特別值得一提的是，即便到了二十世紀末，盧森堡的傳統舊高爐設備仍然完好。後來，該舊高爐被中國的廣西柳州鋼鐵集團有限公司（簡稱「柳鋼」）買下，拆下運回國繼續使用。

更值得一提的是，盧森堡和中國在鋼鐵業上的合作歷史悠久，可以追溯到一百多年前的漢陽鐵廠時代。而且，盧森堡在鋼鐵業的全球化合作，可不僅僅是靠出口鋼鐵。因為冶煉技術的出色，它在技術出口方面的收入相當可觀。

盧森堡的鋼鐵業受益於快速轉型，始終走在世界前列。直到今天，人均鋼產量仍位居世界首位。二〇〇一年，原為世界第三大鋼鐵集團的阿爾貝德公司，與法國北方鋼鐵聯合公司（Usinor）以及西班牙阿塞拉利亞公司（Arcelor）合併，組成安賽樂公司（Arcelor S.A.），成為新的世界第二大鋼鐵集團。二〇〇六年七月，安賽樂又與原世界第一大鋼鐵集團的米塔爾公司（Mittal Steel Company N.V.）組建成新的世界第一大鋼鐵集團——安賽樂米塔爾鋼鐵集團（ArcelorMittal S.A.），其總部就設在盧森堡的首都盧森堡。

但與此同時，盧森堡並沒有躺在礦藏上看天吃飯，而是不斷實現經濟結構的多元化。因此，盧森堡的鋼鐵業在國家經濟中的占比也不斷下降，其在國內ＧＤＰ中的占比，從一九七〇年代的二八％降至如今的一〇％左右。

盧森堡篇

03 世界最美火車站，不搭火車也要拍照

我對安特衛普這座城市的最初印象，源自一九九三年的歐洲盃賽冠軍盃（UEFA Cup Winners' Cup）。身為一九九二年比利時杯賽冠軍的安特衛普隊，在五大聯賽豪強中殺出一條血路，最終獲得亞軍。不過，這只是曇花一現。這個比利時史上第一支足球俱樂部，後來不幸降級至比利時足球乙級聯賽。中國球迷對其熟知，還是因為董方卓。就是這位被曼聯租借到安特衛普的「國王董」，曾在二〇〇五年至二〇〇六年賽季榮膺比乙聯賽射手王。

多年後，董方卓早已泯然眾人，被球迷戲稱為董卓。至於安特衛普隊，則在比乙聯賽苦苦掙扎了十三年，直到二〇一七年才重返比甲。

不過，足球對於這座城市來說，遠遠算不上最重要的。因為它還有著太多耀眼的名頭：歐洲保存最好的中世紀古城之一、歐洲第二大港、歐洲第二大鐵路樞紐、世界最大的鑽石加工和貿易中心，以及取代巴黎與米蘭的「時尚之都」。另外，它一九二〇年主辦過奧運會，還在奧運史上首次採用全長為四百公尺的跑道。

在這座城市中，中世紀的古典美與現代的繁華時尚完美結合，「顏值」自然一等

一，它又是怎麼做到這一點的？

早在二至三世紀，安特衛普已有人定居。七二六年，安特衛普作為城市首次見諸文獻。一三一五年，安特衛普港建成。十六世紀，它已成為歐洲最富有的城市。一九二〇年，安特衛普舉辦奧運會。

安特衛普有著歐洲城市最光輝的面貌：因為歷史悠久，它古典奢華，處處可見昔日榮光；因為經濟發達，它光鮮亮麗，不似義大利那般破落；因為注重和諧，它品味極佳，整座城市充滿著藝術氣息。

火車站，應是安特衛普面貌的最好呈現。

許多人印象中的火車站，多半與擁擠甚至骯髒有關。不過歐美和日本的火車站總是很乾淨，還有不少「最美火車站」。安特衛普火車站（見第兩百八十六頁圖）幾乎擁有了所有「世界最美火車站」的優點。所以，即使是許多不搭乘火車的自駕遊的遊客，也會將火車站作為景點慕名拜訪一番。

火車是工業革命的象徵，借助蒸汽機和鋼鐵工業的進步，火車取代航運，成為當時最好的運輸工具。同時，也正是它將西方文明帶向整個世界。在那段光輝歲月裡，躊躇滿志的歐洲人將火車站當成最好的城市展示舞臺，以雕琢藝術品的態度進行建造。

興建於一八九五年至一九〇五年之間的安特衛普中央火車站就是如此：大理石打造的巴洛克風格大廳與七十五公尺高的穹頂相結合，宛若教堂；月臺大廳的大理石拱柱和雕花牆面同樣精美無比；鋼架與玻璃組成的紅色穹頂採光極佳。即使在一九九八年和二〇〇七年兩度增建，安特衛普人仍注重古典與現代的完美結合，讓整座火車站宛若藝術品一般。

在外觀如宮殿一般的安特衛普火車站外，還有一座巨大的摩天輪。兩者的組合讓人看到古典與現代的碰撞，卻不顯得突兀，它們一起成為安特衛普的地標之一。

安特衛普是古典奢華與現代繁華兼具之地，不僅見於火車站，整座城市都如此。那座被譽為「中世紀摩天大樓」的聖母大教堂（Notre-Dame Cathedral in Tournai），是世界上最美的哥德式教堂之一，也是安特衛普的制高點。與安特衛普廣場上的市政廳與行會大樓，一起展示著這座城市的商業傳統。

▲世界最美火車站——安特衛普火車站內景。

比利時篇

04 因為猶太人，這裡成為世界鑽石之都

如果問比利時人，最能代表安特衛普的是什麼？他們一定會回答：「是鑽石！」安特衛普是當之無愧的「世界鑽石中心」，自十九世紀以來就是全球最著名的鑽石加工中心和貿易中心。

安特衛普世界鑽石中心（Antwerp World Diamond Centre，簡稱ＡＷＤＣ），是比利時鑽石行業的官方代表，負責管理整個比利時鑽石業。每年，這裡的鑽石交易額可達數百億美元，世界上每十顆未切割的鑽石中，就有八顆被送到這裡進行加工，全球八〇％的毛坯鑽石，和五〇％的成品鑽石都流經安特衛普。

這個龐大的產業體系，與專業化的鑽石銀行、保全及運輸公司、經紀商、旅行社、餐廳和酒店是離不開的。另外，鑽石中心裡還有不少鑽石博物館，人們不僅可以見到礦石加工成世界著名的鑽石製品的過程，還有機會觀看工匠現場加工鑽石。

早在中世紀，安特衛普就是全球珠寶交易的中心。人們曾發現一份一四四七年的檔案，刊登了當時安特衛普市長和議員們的公告。公告宣稱，「安特衛普市沒有人會購買、出售、典當或傳遞任何模仿鑽石、紅寶石、綠寶石和藍寶石的假寶石……。」

安特衛普之所以在鑽石貿易中有此地位，其實與猶太人有關。當時，許多被迫害的猶太人從歐洲各地逃到安特衛普，其中有不少是專業鑽石商人。事實上，在那個年代裡，能夠在抵達安特衛普後仍然具備雄厚財力的猶太商人，一直以鑽石商人居多，因為在漫長的跋涉中，珠寶鑽石的攜帶是最輕鬆方便的，僅僅一個小小的隨身袋裡的貨物，便能價值連城。

此後的安特衛普，並未躺在猶太人帶來的繁榮中享受，而是迅速拓展鑽石交易的產業。從技術上來說，安特衛普鑽石工匠的切割手藝是公認的世界第一，「安特衛普切割法」已經沿用了六個世紀。這種切割法使得鑽石被切割出來的形狀為上三十三面下二十四面，最能體現鑽石的晶瑩剔透。現在，安特衛普切割法已成為全世界的通用標準，也使得「安特衛普品質」成為鑽石貿易裡完美加工的同義詞。

安特衛普切割法不但是精益求精的體現，也是高附加值的實現過程。早在中世紀，安特衛普人就明白，裸鑽固然珍貴，但切割後的精美成品會帶來更高的利潤。據說，一顆重達十克拉的裸鑽，經過安特衛普切割法加工後將只剩一半，另一半則變成粉末。

除了行業工會的傳統之外，安特衛普鑽石業的崛起，還得益於當地政府持之以恆的免稅政策。一九五〇年，世界上共有四個鑽石交易中心，它們全部位於安特衛普。

在火車站附近，那條長不過數百公尺、外觀看來平平無奇的「鑽石街」，就是鑽石業的中心。其間遍布大量切割中心、鑽石交易所與銷售店。每天，來自世界各地成千上萬克拉的裸鑽被武裝押送至此，交給頂級鑽石鑑定專家鑑定後，再進行加工和再鑑定，最終流入世界各地的市場。

這幾年，隨著中國市場的興起，安特衛普的鑽石也成為許多中國人的新寵。年輕人專程來安特衛普買個婚戒並不是新鮮事，各種拍賣會也時常可看到中國人的身影。因此，盧森堡鑽石的出口貿易更是大增。光二〇一七年，比利時成品鑽石對中國的出口總額就達到三十億美元，中國成為僅次於美國的世界第二大買家。從二〇〇六年到二〇一六年，中國的鑽石零售額翻了三番，已經是世界第二大鑽石消費國。

像我這種對奢侈品毫無興趣的人，也許真浪費了前來安特衛普的名額。據說，如果你是高端的克拉鑽買家，而非普通碎鑽買家，那麼在安特衛普享受到的服務絕對是頂級的。早在多年前，安特衛普就有珠寶商推出了全程接待服務，此後整個行業紛紛仿效。如果你要買鑽石，可以提前和意向商家聯繫，提出想要購買的鑽石種類、樣式和克拉數。商家會帶著裸鑽和資料去機場接機，並讓你免費入住五星級酒店套房。當你在酒店內選購好之後，商家會拿鑽石去加工。等待加工期間，你還可以在安特衛普以及周邊旅行，直到店家將成品送到酒店進行試戴。如果試戴後發現尺寸不合適，還可以繼續住免費酒店等待店家修改。

一直以來，安特衛普鑽石行業的優勢都在於悠久傳統、專業品質、交通和設施便利，但隨著經濟發展，這些優勢漸漸被淡化。尤其是阿聯酋杜拜和香港崛起之後，分走了安特衛普鑽石業的不少份額。

另外，安特衛普鑽石業的人員組成也出現了改變。中世紀以來，猶太人一直是當地鑽石業的主體。但一九七〇年代後，印度商人蜂擁而至，目前已經占據了當地鑽石業六〇%的份額。因此，許多世代從事鑽石行業的猶太家族被迫改行，也導致大量生產工序（如切割和拋光）轉移至人工更為低廉的印度，專業人才更是大量流失。

另外，安特衛普以往在鑽石原料供應上有優勢，與比利時在非洲的前殖民地有關。但目前這一管道日漸縮窄，也使得安特衛普在鑽石來源上受到威脅。

但即便如此，安特衛普在鑽石業的地位仍然崇高。它們所提供的「一站式服務」，還有比利時的優美環境，仍然無可取代。即使現在全球的鑽石交易中心已經擴大為二十五個，但在未來很長一段時間裡，安特衛普仍將是世界鑽石業的中心。

安特衛普為什麼能成為鑽石之城？因為它繁榮包容，才會在中世紀接納那麼多猶太商人，奠定鑽石業的基礎。因為它精益求精，才有安特衛普切割法這一行業標準。因為它與時俱進，鑽石業的產業體系才能不斷完善……。

盧森堡篇

05 盧森堡什麼行業最強？投資基金

從前文說過的位於盧森堡的「最美的歐洲陽臺」望向大峽谷遠方，那座有著尖頂塔樓的古堡式建築堪稱全城制高點，那裡便是盧森堡國家儲備銀行總部所在地。

目前，盧森堡經濟的最重要支柱是金融產業。早在一八五六年，盧森堡就出現了最早的金融機構，同時還成立了國家儲蓄銀行（Banque et Caisse d'épargne de l'état）和盧森堡國際銀行（Banque Internationale à Luxembourg）。一九二九年，盧森堡證券交易所（Bourse de Luxembourg）正式啟動，奠定了盧森堡金融業的基礎。

一九七〇年代的鋼鐵危機，讓盧森堡認識到了經濟結構單一的弊端，開始大力發展金融業。它模仿瑞士的做法，推行銀行保密法，對外國公民不徵儲蓄利息稅，從而吸引了大量外國銀行和存款。一九六〇年代，盧森堡共有十三家銀行，一九七〇年擴張至三十七家，一九八〇年擴張至一百一十一家，一九九五年達到兩百二十三家，可見每十年都有一倍以上的增長。直到近年來實行兼併重組，其銀行數目才有所下降。

不過，**盧森堡**目前最拿得出手的要算基金行業，其**境內有三千多支投資基金**，**管理淨資產位列歐洲第一**，**全球第二**，**僅次於美國**。目前在歐洲註冊的中國基金，八成以上都在盧森堡註冊。

盧森堡金融業發達的重要基礎是投資環境。盧森堡政府一直廉潔高效，司法體系完善。對於外資更提供了大量的軟硬體支援，包括完備的基礎設施和公共投資、一流的金融網路，以及全歐盟最低的增值稅。而且，歐洲投資銀行和歐洲金融基金會等機構選擇以盧森堡為總部，這既是對盧森堡的認可，也成了盧森堡營商環境的招牌。

荷蘭篇

06 人口只有十萬的台夫特城，歐洲瓷器之王

台夫特是南荷蘭省的一個城市，位於海牙和鹿特丹兩大重鎮之間。面積僅二十四平方公里，人口十萬。荷蘭國土有限，城市星羅棋布，城際間距離基本在二十公里左右。從鹿特丹開車出發，只需開上十幾公里就可抵達台夫特。這座始建於一〇七五年，一二四六年正式設市的古城，有古老運河與一座座石橋，足以讓人一見傾心。

入城後，我在狹窄老城裡七彎八繞，卻找不到一個停車位。不過這樣一來，倒是把台夫特的一個個住宅區都看了一遍。與大多數荷蘭城市一樣，台夫特也是先有運河，再沿河發展為城市。一座座小樓沿著運河而建，一個個庭院種滿花木，清靜雅致，一派荷蘭風情。十三至十四世紀，這裡的紡織業和啤酒業相當發達。不過真正讓它享譽世界至今的，當數十八世紀開始的陶瓷業。

▲台夫特藍陶標誌。

今天的台夫特藍陶，即

使是在頂級瓷器雲集的歐洲，也是數一數二的品牌。

中國瓷器傳入歐洲，曾讓歐洲為之瘋狂。十八世紀初，歐洲從中國大量進口瓷器，以至於國庫空虛，甚至有人為此提出抵制中國貨。而在此之前，對中國瓷器的仿製早已展開。

尤其是大名鼎鼎的義大利梅迪奇家族（Medici），這個當時世界上最富有的家族之一，早在十六世紀中後期，就在掌舵人法蘭西斯科（Francesco I de' Medici）的主持下，在佛羅倫斯的鮑博利公園建窯，並開始試驗模仿生產中國瓷器。當時，梅迪奇家族的仿製品已經具有相當水準，但由於試驗過程繁瑣、財力耗費巨大，在法蘭西斯科於一五八七年去世後，梅迪奇家族便停止了陶瓷的試驗和生產。

此後，眾多歐洲國家紛紛跟上，開始模仿製瓷。十七世紀，中國正值明末清初，時局動盪，瓷器出口銳減。這時，首先抓住機會的是荷蘭人，台夫特出產的青花瓷模仿中國瓷器，但又有新的技術突破。一般來說，台夫特藍陶的色澤比中國青花瓷更濃，這是因為繪製顏料的變化，台夫特人在黑色顏料裡添加了氧化鈷（cobaltous oxide），在燒製過程中，氧化鈷發生化學反應，黑色就會變為「台夫特藍」。

台夫特藍陶時至今日仍然享譽世界。十七世紀，中國青花瓷風靡歐洲，台夫特第一個打造出優秀的仿製品，也因此成為歐洲瓷器業的一大先驅。那時，小小的台夫特最多曾擁有三十多家陶瓷工廠，現在則僅存皇家台夫特藍陶工廠，「台夫特藍陶」則成為當地最著名的奢侈品品牌。

比利時篇

07 比利時大城根特，掀起歐洲紡織革命

根特，比利時東法蘭德斯省會，法蘭德斯地區的中心城市，比利時最重要的鐵路樞紐和港口之一。

這座起源於七世紀的城市，曾是西歐地區僅次於巴黎的強大都市。城內最著名的聖米歇爾橋落成於一九〇九年。利斯河[3]在橋下流淌，一直流向北海。

兩側的河岸上遍布中世紀風格的房屋，階梯狀山牆各不相同，極其精美。這些房屋室外坐滿了人，多半是咖啡廳與酒吧。一開始，我以為聖米歇爾橋應該是老城裡最「年輕」的地標，後來才知道並非如此。利斯河畔的中世紀風格房屋，多半是在一九一三年根特世博會期間重建。這屆世博會結束後的第二年，第一次世界大戰爆發，比利時被德軍占領。

中世紀時，這裡的建築都屬於行會。根特的利斯河兩側，河東是香草河岸，河西

3 Lys，荷蘭語稱萊厄河。

▲根特的聖巴夫主教座堂。

是穀物河岸。顧名思義，一邊曾是香草交易中心，一邊則是穀物交易中心。兩者各司其職，一起造就了根特的商業榮光。

因為臨河，根特接納了歐洲各地的羊毛，十三世紀末成為毛紡業中心。

悠久的商業傳統讓根特變得多元化，也成為一座自由都市。站在聖米歇爾橋上，最容易讓你感受到根特昔日榮光的當數鐘樓、聖巴夫主教座堂（Sint Baafskathedraal，見右頁圖）和聖尼可拉斯大教堂（St. Nicholas Church）組成的天際線。

即使在塔尖雲集的歐洲，根特的天際線也屬密集。始建於一三一三年的鐘樓，不但是根特老城的制高點，也是根特自治與獨立的象徵。它的頂端有五個角塔，還有旋轉銅龍，守護著這座都市。當年每逢外敵入侵，根特人都以鐘聲警示禦敵。鐘樓下的棉布交易大廳，則取代了一般歐洲城市中市政廳的核心地位，它不但是最大的行會建築，也是與教堂分庭抗禮的市民建築。

登頂塔樓，老城盡收眼底。最引人注目的當然是與鐘樓幾乎等高的聖巴夫主教座堂。這座融合羅馬式、哥德式和巴洛克風格的大教堂，以高聳塔樓、壯麗穹頂和美麗花窗著稱。不過對於根特人而言，與其說它是教堂，倒不如說是博物館，因為在電影《大尋寶家》（*The Monuments Men*）裡被盟軍和納粹誓死爭奪的十五世紀名畫《根特祭壇畫》[4]（見第三百頁圖）就收藏於此。

4 Ghent Altarpiece，又名神秘羔羊之愛（Adoration of the Mystic Lamb）。

這是歐洲歷史上第一幅油畫傑作，甚至被譽為「油畫之祖」。電影並非戲說，因為希特勒確實對其垂涎三尺。

如今的根特，鐘樓與大教堂無比和諧的合力撐起老城的天際線。不過在當年，它們可代表著兩種力量的博弈。

當年，商人們和行會工人們就是在鐘樓之下每日忙碌。那時的根特海納百川，依託繁榮商業，給了眾多手工業行會崛起的機會。那些原本只能在貴族莊園和教會田產裡務農的人們，也得以走進城市，成為行會的一分子。

這不僅僅是經濟層面上的改變，更關乎社會層面的變革。因為能夠在商業體系下自食其力，在根特打拚的人們不再依附於擁有土地的教會和貴族，不再被蒙蔽，而是成為新興城市裡的市民階層。

他們可以在城市中成家立業，甚至白手起家躋身富人階層。也正是市民社會的形成，奠定了歐洲的城市自治基礎，並在文藝復興和工業革命後日漸成熟。

這種根植於商業的自由傳統，是歐洲最寶貴的財富。務實的市民階層形成了對抗貴族和教會的重要力量。而在金屬活字印刷機發明後，教會的知識壟斷被打破，因知識而更具力量的市民階層，就此成為歐洲社會的主體。

特別值得一提的是根特在工業革命中的地位。當英國已經在工業革命中崛起時，歐洲大陸仍然緩慢前行，直到一名前往英國學習科技和現代工廠運作的年輕人帶回一臺紡織機，歐洲大陸才如夢方醒。

這臺來自英國的紡織機是歐洲大陸第一臺紡織機，也被視為歐洲大陸紡織技術與機械設計變革的標誌。歐洲大陸迎來了現代工業轉型，根特則是歐洲大陸第一個步入紡織業革命的城市。

即使引以成名的毛紡織業一度消沉，但根特在工業革命時期成功轉型，在很長一段時間裡享受著榮光。

從滑鐵盧戰役後到第一次世界大戰前的百年時光，是歐洲大陸難得的和平時代，人們享受著文明帶來的成果，幻想著美麗世界的到來。從某種意義來說，一九一三年的根特世博會是一個象徵，或是一個終結。第二年，第一次世界大戰爆發。此後，歐洲經歷了兩次世界大戰的重創，也失去了世界中心的地位。

與之前乃至後來的世博會一樣，根特也在郊外空地蓋起了展場，當時的臨時建築，大都幾個月後便被拆除。但難能可貴的是，根特的城市管理者極有眼光，他們借助世博會的機會，幾乎重建了根特老城，尤其是前文提到的香草河岸與穀物河岸，並大大拓展了城市外沿。

之所以重建老城，是因為當時的根特人已深知，城市形象的展示不可局限於展場區域，在展區內搭建臨時的飲食和消費場所固然方便，但遠遠不夠使用。讓城市成為參展者和參觀者的消費場所，更能展示城市形象。所以，根特人直接重建了老城。

要知道，那可是近一百年前，所謂「行銷」、「包裝」等理念並不普及，但在深厚商業土壤中成長起來的根特人走在了前面。而且，他們的翻新與重建恪守中世紀風格，

最小但最強，荷比盧的細節

在當時也是獨樹一幟。時至今日，當年的世博會展場建築大半已消失不見了，可重建的老城仍是根特最美的存在。

▲《根特祭壇畫》。打開祭壇所見的內層畫作。

荷蘭篇

08 四滴眼淚刪掉三滴，從此米飛兔躺著賺

在前文我已經為大家介紹了米飛兔的由來，現在再為大家介紹一些有關荷蘭人如何助推米飛兔經濟的故事。

其實，米飛兔系列的荷蘭原版繪本一直堅持小開本原則，以便於孩子手捧著閱讀。而且，每本只有十二頁，每頁一幅插畫，配上四行詩，有時甚至連文字都沒有。內容多半是孩子可以理解或者即將面對的生活場景。

即使篇幅如此之短，迪克·布魯納仍以工匠精神對其進行雕琢，通常幾個月才能完成一本。同時，因為追求極簡，他習慣在素描草稿上不斷刪除線條，直至沒有一條線是多餘的。

他曾說過：「我開始畫米飛的時候，我曾畫了四滴眼淚；第二天，我去掉一滴；第三天，我去掉另外一滴；第四天，我又去掉一滴。這個時候，我發現，只有一滴眼淚的米飛，是真的非常非常的傷心。」

一九九二年，米飛兔首次登上荷蘭電視，為每集五分鐘的動畫短片。二〇〇三年至二〇〇七年，米飛和朋友的故事在加拿大和美國的電視頻道播放。二〇一三年，第一部

米飛兔電影《米飛兔動物園之旅》（*Miffy Goes To The Zoo*）正式上映，開啟了米飛兔的大螢幕之旅。

從繪本到動畫，是許多卡通形象的必經之路，這並不稀奇，米飛兔在這條路上卻走得很慢，但它的開拓之路不局限於此。

半個多世紀以來，掛有米飛兔標誌的產品賣出了一萬多種，如今每年可以帶來一·五億歐元的市場銷售額。透過肖像權授權，米飛兔出現在文具、衣服、家具、裝飾和玩具等領域，在許多國家甚至隨處可見。僅僅是迪克·布魯納家族的出版社，每年就可以透過米飛兔形象「躺賺」兩百萬歐元。

一九九六年，與米飛兔相關的圖書和影音製品進入中國。米飛兔的肖像也被應用於商業領域，其中包括嬰兒衣服、家具用品、鞋帽、配飾和玩具等。

中國人接觸米飛兔，多半不是從繪本開始，而是從文具開始。因為早在中小學生能見到米飛兔繪本之前，就已經在晨光文具[5]上見過它，特別是那些帶有米飛兔立體形象的圓珠筆。晨光文具早在二〇〇五年就開啟了與米飛兔版權方的合作，是米飛兔在中國首批授權的品牌之一。

如今在電商網站上，可以看到不少米飛兔授權的正版產品，比如兒童書包、兒童保溫杯、拼圖、鬧鐘、服飾、鞋子、兒童碗筷、存錢筒、收納箱和行李箱等。

只不過，隨之而來的便是盜版問題。

米飛兔成為知名商業品牌後，盜版侵權行為也隨之出現，如不少以米飛兔為標誌的服飾和鞋子。當然還少不了打擦邊球的，就像「全庸」之於「金庸」，「可日可樂」之於「可口可樂」那樣。品牌方也為此打過官司，並獲得了賠償。

不過對於迪克．布魯納來說，最讓他頭痛的是日本人。日本人從未像某些商家那樣走低端的赤裸裸的侵權路線，而是採取了另一種讓人無法判斷和界定的方式。

一九七四年，史上最能賺錢的小貓咪在日本誕生，它就是 Hello Kitty。這隻小貓和日本的卡哇伊文化一起風靡全球。但在二〇一〇年，迪克．布魯納在接受英國《每日電訊報》（The Daily Telegraph）採訪時，表示自己一點也不喜歡 Hello Kitty，因為它涉嫌抄襲米飛兔。

Hello Kitty 和米飛兔確實有相似之處，它們都是走萌設計路線，造型也相當簡單。也正因此，許多人甚至認為米飛兔是日本的。不過要說抄襲，似乎很難界定。

但可以確認的是，**Hello Kitty** 乃至日本的卡哇伊文化，都受到了米飛兔的巨大影響。早在一九六四年，米飛兔繪本就由作家石井桃子翻譯引入日本，掀起熱潮。換言之，米飛兔的日本粉絲已有兩、三代人之多了。日本最著名的旅行攻略「地球步方」系列，將烏特勒支視為荷、比、盧路線的聖地之一，不少日本遊客還會在迪克．布魯納習慣前去的咖啡館等候，與之合影並索取簽名。

5　為中國的一家文具生產製造公司。

日本人對米飛兔的熱愛也說明了這一點。二〇一五年，為了紀念米飛兔誕生六十週年，朝日新聞社在東京銀座舉辦米飛兔特別展，迪克．布魯納最初創作米飛兔的畫稿也首次公開展出。許多知名設計師和插畫師重新設計或畫出自己心中的米飛兔，向迪克．布魯納致敬。

當然，也有過不愉快。話說 Hello Kitty 曾經有個名叫凱西兔（Cathy）的好朋友，被迪克．布魯納認為與米飛兔神似，侵犯了著作權，於是提出訴訟。法庭判凱西兔侵權，日本三麗鷗公司敗訴。當事雙方協定，未來會盡最大努力令產品不會侵權，訴訟涉及的全部費用大約十五萬歐元，將捐予日本地震海嘯災害後的重建工作，凱西兔也隨即退出市場。從一九八〇年代至今，日本動漫形象的周邊拓展堪稱全球第一。米飛兔這隻全球最會賺錢的兔子，給日本人提供了無數借鑑。

▲有米飛兔形象的各種周邊產品。

比利時篇

09 列日，明明是工業城還是很宜居

沿著高速公路在瓦隆地區飛馳，比利時的列日不僅是必經之地，也是旅行者常常忽視之地。

入城時的風景很容易導致這種忽視——一座巨大的工廠坐落在路邊，鍋爐煙囪一樣都不少。這種景象在中國常見，但在歐洲，尤其是在市區附近絕對罕見。

列日是歐洲歷史最悠久的工業城市之一。它是瓦隆地區的經濟中心，早在十六世紀就已靠紡織業崛起，此後又逐漸成為歐洲最重要的冶金工業區之一。近年來，列日又迎來工業轉型，不再單純立足於紡織、煤炭和鋼鐵等行業，而開始大力發展電子、生物

▲列日老城風景。

化工和航天等行業。我們所看到的那座巨大工廠，未來也許會成為歷史。

列日的工業發展與地理位置有關。某種意義上，它可以算是西歐地區的幾何中心之一。在古代，河運發達的默茲河使列日成為重要河港。時至今日，它仍然**是歐洲第三大河港**。在鐵路和公路飛速發展的時代，距離荷蘭僅三十公里，距離德、比邊境僅四十五公里的列日，**是歐洲最重要的鐵路樞紐之一，也是眾多公路網的交匯處**。

也正因此，列日也是兵家必爭之地。一九一四年八月四日，德軍入侵列日，比利時軍隊在列日要塞阻擊敵軍，這是第一次世界大戰的第一場大型戰役。當時，列日是從德國通往布魯塞爾乃至巴黎的鐵路樞紐，自然成為德國的目標。最終，德軍以傷亡二．五萬人的代價打開了進攻法國的通道，但比利時軍隊的頑強阻擊，則為協約國集結軍隊贏得了時間。

每年，有眾多遊客因為交通中轉在此停留，但又有多少人會認真看看這個古老的工業城市呢？

我們的進城道路，始終沿默茲河而行。河岸兩側遍布十層左右的住宅。在歐洲城市裡，這可是不折不扣的高樓。不過它們外觀頗為陳舊，帶有舊時工廠區的痕跡。

但這並不影響河岸的愜意。寬闊的人行道上，總有人步行或跑步，有長凳可供人休息。雲層厚重，壓得也低，岸邊高樓彷彿直插天際。

在導航的提示下，車子在一座鋼鐵大橋處拐彎，駛向對岸。這座名叫弗拉尼橋（Pont de Fragnée）的大橋，落成於一九〇四年。它帶著工業化時代的痕跡，也見證著歐洲的輝煌。一九〇五年，列日舉辦了世博會。

列日的中心——老城，是我接下來的目的地。因為如果不深入老城，你很難體會到這座城市的昔日榮光。想想也是，這是一個有著悠久自治傳統的城市，入城時的面貌又怎會是它的全部呢？

老城的中心，是鋪滿鵝卵石的大廣場，其四周散落著各種建築。綿延氣派的古老宮殿，古樸建築下的現代化商店，還有近年興建、外觀頗具創意之美的商業建築，都在這裡共存。人們坐在臺階上休息聊天，營造出相當理想的公共空間。道路向四周延伸，其中一條是遍布商店的林蔭大道。大道盡頭小廣場上的白色建築想必是市政廳，人們在路上穿行，樹影斑駁。這座傳統的工業城市，就這樣呈現出宜居的一面。在廣場旁一家餐廳坐下來，與當地人一樣喝著飲料吃著淡菜，眼前這座古樸與現代交織卻不顯雜亂的老城，在微風中顯得舒適愜意。

當然，這座城市最美的地方，當數布倫山（Bueren Mountain）。說是山，但現在我們早已見不到山，只能見到密密麻麻的舊時宅邸。那些建築普遍龐大而精美，稱之為半山豪宅絕不為過，它們多半屬於當年的富商，見證著列日昔日發達的行會體系。數百級的階梯直抵山頂，高處的住戶就這樣每天拾級而上。

這道「天梯」就是列日的地標，總有人坐在石階上，望向山下的世界。只有慢慢走上去，你才會感受到這座城市的安靜古樸。而那些在半山世代而居的人們，似乎永遠生活在舊日時光裡。

▲布倫山步道共有 374 個臺階，爬坡角度將近 30 度。

PART 5

自由學風，培育出最會做生意的人

比利時篇

01 時尚界無法繞過的名字，安特衛普六君子

作為歐洲歷史上最富庶的城市之一，比利時的安特衛普有著悠久的藝術傳統。如今的安特衛普市立美術館，就是當年魯本斯的工作室和居所。

這位巴洛克大師是十七世紀歐洲最著名的畫家之一，與義大利的卡拉瓦喬（Michelangelo Merisi da Caravaggio）、荷蘭的林布蘭和西班牙的維拉斯奎茲（Diego Rodriguez de Silva y Velazquez）齊名。他的埋骨之所聖雅各伯教堂（Sint-Jacobskerk），也是遊客必打卡之地。這位產量驚人、效率極高的藝術大師，率領一眾弟子打造了當年的油畫「生產線」，完成了分散於歐洲各宮廷教堂的數百幅油畫。

時至今日，安特衛普沒有丟棄自己的藝術傳統，甚至青出於藍而勝於藍。在業內看來，它已經取代了巴黎和米蘭，成為歐洲頂級的「時尚之都」。

這一切源自一九八〇年代。當時，「安特衛普六君子」在時尚界崛起，梵谷曾經就讀的安特衛普皇家藝術學院（Royal Academy of Fine Arts）也成為設計師的搖籃。

安特衛普六君子是時尚史無法繞過的名字，曾有人這樣形容他們：易敏感少女瑪麗娜·伊（Marina Yee）、色彩印花大師德里斯·范諾滕（Dries Van Noten）、黑暗哥

特女王安・德默勒梅斯特（Ann Demeulemeester）、安特衛普的時尚老頑童瓦爾特・范貝倫東克（Walter van Beirendonck）、綠茵運動王子迪爾克・比肯貝赫斯（Dirk Bikkembergs）、細膩田園匠人迪爾克・范薩納（Dirk van Saene）。

他們出道的年代，正是山本耀司等日本先鋒設計師顛覆巴黎的時代，「六君子」同樣以「反奢侈」口號崛起。

一九八七年，這六名安特衛普皇家藝術學院的學生，用租來的簡陋卡車載著自己的作品，以不請自來的方式直闖倫敦時裝週[1]。他們用簡陋的聲光器械展示作品，結果被英國媒體冠以「安特衛普六君子」稱號。他們的前衛設計、細緻剪裁一舉震驚了當時低迷保守的時尚界，也從此奠定了比利時設計師在全球時尚界的卓絕地位。

在此之後，安特衛普一躍成為時尚重鎮，如今更是當之無愧的時尚之都。

當年直闖倫敦時裝週時，提議者和領軍者就是時尚老頑童瓦爾特・范貝倫東克。以狂野著稱的他，以招牌光頭和大鬍子為標誌，擅長採用迷幻多彩的拼接色和童稚的視錯感剪裁。

德里斯・范諾滕出身於裁縫世家，以懷舊、民俗和層次感著稱，細碎印花和不同材質、文案的拼接重構是其設計標誌。他曾經說過：「我覺得我的生命是用華美衣服構成的。」

1 倫敦每年二月舉辦當年秋冬時裝週、九月舉辦次年春夏時裝週，一年舉辦兩次的服裝交易會。

安．德默勒梅斯特的設計以黑白為主，是男人一統天下的時裝設計界中最受人尊敬的女性之一，她的設計以不規則的剪裁和材質運用而著稱。她討厭矯揉造作的裝飾、花邊、珠鍊，黑白是她的時裝永恆的基調，美國時裝媒體稱她為「Ann王后」。

迪爾克．比肯貝赫斯原先想當一名律師，但後來還是進入了安特衛普皇家藝術學院。他偏愛軍裝與運動風格，喜歡粗獷的材質和簡潔的外形，擅長混搭各種皮革和極具男性氣息的配飾。有人將他的設計稱為「高級時裝般的運動光學、幾何與速度、經典與未來的結合」。

另一個迪爾克——迪爾克．范薩納，則偏愛田園風，色彩柔和自然，線條簡約。

瑪麗娜．伊與另外五人不同，她在贏得世人關注後，反而選擇了平淡生活，一度還離開過時尚行業。她擅長細節，喜歡在游牧民族的生活方式上找靈感。

六君子的恩師琳達．洛帕（Linda Loppa）曾這樣評價他們的設計：「他們的作品並不是美極了，而是非常富有感情。」因此也有人說：「懂得穿安特衛普作品的人，是縱情於世的時尚高人。」

創立於一六六三年的比利時安特衛普皇家藝術學院（見左頁圖）也因六君子而舉世聞名。有趣的是，直到建校三百年，也就是一九六三年時，它才開設時裝設計專業，在短短時間裡便已如日中天。

不過想在這間學校裡畢業可不容易。它每年只招收五百四十名學生，其中時裝設計專業只招收一百五十名。雖然學校注重靈感，鼓勵學生打破常規，但課業要求嚴格，因此退學成為常態。該校往往第一年就能淘汰一半人，時裝設計專業的一百五十名學生，一般只有個位數的學生能夠畢業，可見其苛刻程度。但也正因為這樣，才成就了安特衛普的時尚之都美名。

難能可貴的是，安特衛普的時尚絕非只有學院派。

在安特衛普街頭，時常可見各種展覽和演出。藝術家們可以直接找市政廳，尋求在展覽、演出方面的扶持，當地政府也會根據實際情況提供最大的幫助。

安特衛普為什麼能成為時尚之都？因為它繁榮包容，給予了藝術家們足夠的生存空間；也因為市政廳的努力，給予了藝術家們盡可能多的扶持。

▲安特衛普皇家藝術學院。

荷蘭篇

02 世界最美書店，天堂觸手可及

前面我們提到過，荷蘭馬斯垂克，被稱作「歐盟誕生地」。一九九二年，歐洲共同體各國在這裡簽署了《馬斯垂克條約》，標誌著歐盟的誕生。《馬斯垂克條約》規定，要在密切協調成員國經濟政策和實現歐洲內部統一市場的基礎上，形成共同的經濟政策，具體內容是統一貨幣，制定統一的貨幣兌換匯率，建立一個制定和執行歐共體政策的歐洲中央銀行體系。從此，便有了歐元。

這座城市的創造力，並未在歐盟和歐元誕生後消失。如今的它熱衷於古建築改造，被英國《衛報》（*The Guardian*）譽為「世界最美書店」的天堂書店便是代表作。

天堂書店其實是一間由古教堂改造而成的書店。教堂的歷史可以追溯到一二六七年，一群天主教多明我會（道明會）的修道士開始在此修建教堂，並於一二九四年建成了尼德蘭地區的第一座天主教堂，它也是尼德蘭地區最早的哥德式建築。之後幾百年間，馬斯垂克一直是兵家必爭之地，教堂也經常被挪作他用。特別是一七九六年，法國政府將之用作騎兵馬廄後，其教堂功能再也沒有恢復。一八一五年，教堂重新歸還給荷蘭，此後曾陸續做過音樂廳、考場、市集、體育比賽場地和展場。

二〇〇一年，荷蘭最大的連鎖書店集團瑟萊克斯（Selexyz）向馬斯垂克市議會提出改造方案，隨後用了整整五年時間，花費七百萬歐元，於二〇〇六年十一月將教堂徹底改造為書店——這座名為天堂書店的教堂成為人們心目中的世界最美書店。

如果你是為了天堂書店到訪馬斯垂克，我會建議你先住一晚教堂酒店——沒錯，它是由廢棄教堂改造而成的酒店。

在歐洲，教堂酒店為數不少，我也住過幾處。要說入住的舒適度，馬斯垂克的這間教堂酒店可排不上號，但要說外觀和內部結構，它可絕對是第一。該酒店外部磚牆古樸雅致，哥德式尖塔傲然聳立。懸空的二樓餐廳，直接對著教堂的彩繪窗。內部大量採用金屬架，營造現代氛圍，卻又能與教堂的古樸相映成趣。更重要的是，整座酒店無論內外，都只採用加法，而非先減後加，即沒有對原有教堂結構進行任何破壞。

酒店的大門口最有意思。既然是酒店，當然不會讓你有步入教堂的感覺。但又不能破壞教堂原貌。所以，投資方請了有「光之詩人」之稱的著名燈光設計師摩利爾（Ingo Maurer）。摩利爾經過測量和思考，在酒店入口處設計了一個閃閃發光的銅質大喇叭，人們走進這個閃著金色光芒的喇叭，會感覺自己彷彿被吸入酒店一般。

教堂內部分為幾個區域，教堂大廳就是酒店大廳，包括接待區、會議廳、餐廳、圖書館和咖啡廳等，原屬唱詩班的位置被改為酒吧，這裡藏有一千八百多種葡萄酒，足以令愛酒者流連。後面的修道院部分則全部改為客房。絢麗的彩繪窗、穹頂壁畫與極富金屬感的搭建材料得到了完美融合。據說，酒店延請的都是國際大牌設計師。

其實在馬斯垂克舊建築改造群中，教堂酒店只是一個普通樣本，甚至是相對粗糙的一個。但它與天堂書店等同類改造一樣，都遵循了「保存原貌」這一準則。天堂書店的美，在於它既保存了教堂原貌，又將書店的典雅和教堂的古樸完美結合。這座尼德蘭地區最早的哥德式建築，與一般哥德式建築略有不同，它的窗戶非常寬大，採光極佳。美麗的教堂穹頂更是賦予空間無限可能。

與教堂酒店門口那個銅製大喇叭一樣，天堂書店的門口也做了加法，一個紅色雕塑做成打開的書頁的樣子，這便是書店的大門。

一走進去，唯有驚嘆。高聳的拱柱向上延伸，層層骨架直通穹頂，穹頂的畫作帶著歲月痕跡。書店分兩層，一層的布局其實跟平常書店無異，但那個被設計師稱作「圖書公寓」的大書架，不但支撐起了書店的二層，也成為整個天堂書店最搶眼的一部分。一體成型的黑漆鋼鐵結構，與教堂的暖色基調相互映襯。

之所以叫圖書公寓，是因為設計師為了適應教堂本身的高度，將書架也做得極高，層層疊疊，就如公寓一般，讓人可以一層層向上走，看書的同時，還可以從不同角度觀賞教堂的風貌。頂層的觀感最為出色，不但可以居高臨下一覽書店全貌，還可以與教堂頂部近距離相望，有「天堂觸手可及」之感。也正是這個圖書公寓，使得書店被分割為左右兩部分，一側是普通布局，但非常空曠，置身其中，可體會到自身的渺小；另一側則因圖書公寓而顯得層層疊疊，一直向上延伸，繁複而雄偉。

最值得一提的是，由於書店的建造不能破壞教堂固有形貌和結構，所以這座圖書公寓其實並未與教堂的牆身有任何接觸，而是獨立存在的。

另外，我們還可以發現一個視覺焦點，即由昔日教堂聖壇改造而成的咖啡廳。正中的一組咖啡桌被擺放成巨大的十字架形狀，更顯示了書店與教堂的完美統一。

▲天堂書店一隅。

▲天堂書店導覽影片。

荷蘭篇

03 老建築被燒了，就改建成大學城

去過荷蘭旅行的人很多，但像我這樣第一站選擇恩斯赫德的，應該不多吧。荷蘭旅遊資源甚多，但主要集中於三角洲地帶，阿姆斯特丹、鹿特丹、海牙、贊丹風車村、小孩堤防和台夫特等都在這裡。相較之下，荷蘭北部卻幾無名城，也沒什麼特別的景點，是大多數旅行者都會放棄的地區。

將恩斯赫德作為荷蘭的第一站純屬偶然。因為根據行程，我從德國開車入境荷蘭，剛好要在荷、德邊境住一個晚上。荷蘭東部與德國接壤的城市中，恩斯赫德最大，酒店也最多，於是這裡便成了我的首選。

這是一座「非典型」荷蘭城市，即使老城也並不古典，只有大量紅磚建築帶著荷蘭元素。酒店則是一棟新式建築，簡潔紅磚立面與冷酷金屬風搭配，附近就是城際鐵路，距離老城不過幾步之遙，最適合休閒。

不過，就是這座休閒城市，讓我兜兜轉轉走了幾圈，差點走斷了腿。因為，我想去尋找攻略裡提到的那座「樂高教堂」，這是我選擇恩斯赫德的另一個原因。

攻略是這麼說的：這座位於恩斯赫德的阿布丹徒斯．吉干圖斯教堂完全使用樂高方塊建成，是雷斯ＦＭ團隊二〇一一年為格倫斯維克藝術節而設計的。五彩樂高的外觀使它成為恩斯赫德的新地標。

可是，酒店前臺無論看位址還是看圖片，都不知道這座「樂高教堂」在哪裡。繞著老城走了兩圈，也毫無蹤跡。最後我跑進遊客中心，兩個工作人員看了很久，又想了半天，終於搞清楚了。她們告訴我，這間教堂確實曾經存在過，而且就在附近，但它是一個臨時建築，早已拆除。

失望在所難免，不過我也剛好趁此機會，把小小的恩斯赫德老城走了一遍。城中之所以遍布新建築，老建築較少，是因為這裡曾於一八六二年遭遇大火，以及這座被改革為「大學城」的城市始終是荷蘭的新興產業重鎮。

老城的中心當然是大教堂，這座始建於一二〇〇年的大教堂，在一八六二年的大火中淪為廢墟。此後經過重建，目前唯一可看到中世紀痕跡的就是北牆。

大教堂所在的中心廣場，舊時名叫老市場，四周遍布餐廳和咖啡館。從下午三時到六時，這裡一直坐滿了人，十分閒適。

這裡還有在西歐十分少見的猶太會堂。恩斯赫德的這座猶太會堂建於一九二七年至一九二八年，其圓頂最引人注目。它的前身是一座建於十八世紀的小型會堂，同樣在一八六二年的那次大火中被焚毀，被當地猶太人改建為現在的模樣。即使是在猶太人遭遇浩劫的第二次世界大戰期間，這座教堂也得以倖存，因為當時納粹德國將這座會堂作為黨衛隊的保安處使用。

在塔樓高聳、外觀方正的市政廳旁，有一片大草地，還有一片石塊堆成的假瀑布，都是孩子的樂園。在附近超市裡買一盒價錢只有國內一半的哈根達斯，坐在草地上邊晒太陽邊吃，更是無上享受。

可不要被這閒適和在廣場坐著喝咖啡的老人家騙了。恩斯赫德可是荷蘭最好的大學城，著名的特文特大學（University of Twente）就在這裡。特文特大學是荷蘭四大頂尖理工大學聯盟（4TU）[2]成員，也是歐洲創新型大學聯盟成員之一，其奈米技術、積體電路設計和化工等學科都位居世界前列。有意思的是，歐洲大學城因為傳統，多半都沒有校園，教學樓散落於城市各處，可特文特大學卻恰恰是荷蘭唯一的校園式大學。

▲滿廣場坐著喝咖啡的老人。

年輕人讓這座城市充滿活力。其實，早在工業革命時期，受益於魯爾工業區（Ruhr Industrial Base）的崛起，位於魯爾工業區周邊的恩斯赫德曾是紡織重鎮。不過隨著紡織業的蕭條，恩斯赫德的地緣劣勢暴露無遺，人們紛紛前往阿姆斯特丹、鹿特丹和海牙等大城市所在的三角洲一帶工作，導致恩斯赫德人口銳減，城市凋敝。

不過也正因為擺脫了工業的束縛，不再被汙染，恩斯赫德重新恢復舊時景緻，並因清靜安逸成為大學城。年輕人的到來，使得這座城市重新繁榮了起來。

雖然我沒有見到那座「樂高教堂」，但仍然可以慕名拜訪那條 Roombeek 街。這條商業街以 Roombeek 命名，這條河曾流入地下，工業革命時期，在城建中被擠壓而消失。如今它重見天日，恩斯赫德人在河下鋪設石子，減緩水流速度，營造出了各種反射效果。

這條隨河的寬窄而變化的街道，作為城市創新設計，曾被諸多行內人士稱道，甚至被列為世界上最美的創意街道之一。

讓古老凋敝的工業城市換一種活法，這算不算一種創新？

2 另三所為埃因霍溫科技大學（Eindhoven University of Technology）、台夫特理工大學（Technische Universiteit Delft）和瓦赫寧恩大學（Wageningen Universiteit en Research centrum）。

比利時篇

04 魯汶大學鬧分家，竟撐起兩座城市

一座有大學的城市，我們看得多了。可一座有城市的大學，你看過沒有？就算你看過，那麼一座包含兩座城市的大學，你看過嗎？

坐在魯汶市政廳旁的餐廳裡，我一邊跟兒子說著這段像繞口令一樣的話，一邊大快朵頤。直至幾年後的今天，魯汶讓我印象最為深刻的還是市政廳和這次午餐。

魯汶是比利時的第九大城市，比利時的國土面積不過與兩個北京市相當（略小於臺灣），它的第九大城市當然袖珍得很。不過**魯汶卻是我眼中最值得探訪的比利時城市之一，甚至不亞於布魯塞爾、布魯日、安特衛普和根特這「比利時傳統四大城市」**。

這座城市的美，起碼有一半拜市政廳所賜。開車進入魯汶，導航目的地就是市政廳。大概還有三、五百公尺距離時，我根據經驗，開始留心路邊停車位，畢竟市政廳廣場周邊是最熱鬧的地帶，未必有車位。

從停車場向市政廳步行，沿途街道古樸，店鋪雅致，一派典型的歐洲小城之感。拐個彎後豁然開朗，市政廳所在的大廣場赫然出現在眼前。

廣場被中世紀建築所圍繞，每棟樓的山牆都極為漂亮，雖然比不上布魯塞爾、布魯

日和安特衛普的大廣場那般精緻絕美，但也值得一看。可大多數探訪魯汶的人想必都顧不上看廣場上的老房子，因為市政廳足以吸引所有目光。

奠基於一四四八年、完工於一四六九年的魯汶市政廳也許是世界上最華麗的哥德式市政廳（見第三百二十五頁圖）。其外牆上布滿手工雕刻的人物，極其華美。幾個哥德式塔尖向天空延伸。但凡哥德式建築，都有讓人欲罷不能、無法抗拒的繁複感，魯汶市政廳尤為突出。幸運的是，這棟華美建築竟然躲過了兩次世界大戰的炮火。

市政廳所在的大廣場是魯汶的核心地段，中世紀風情濃郁。隨便找家餐廳，一邊看著市政廳一邊吃比利時國菜——煮淡菜，味道好得出奇。我在比利時吃過許多次淡菜，幾乎每餐必點，其中不乏名聲在外的名餐廳，卻沒有一家比得上魯汶的這次偶遇。

不過魯汶最出名的還是一四二五年由教宗瑪爾定五世（Martinus PP.V）下令成立的魯汶大學（University of Leuven）——世界上歷史最悠久的天主教大學。這所大學在比利時排名第一，也是世界級名校，世界排名常年在前五十名之內，位列二〇一七年泰晤士世界大學排行榜第四十名，US News 世界大學排名（US News Best Global Universities）第四十四名。在二〇一七年路透全球一流創新大學排名中，魯汶大學更是位列歐洲第一，世界第五。

正因為魯汶大學和其他幾所大學的存在，你很容易感受到這座城市擁有的青春氣息。隨處可見的騎行者，遍布全城的單車道，還有廣場上搭建的舞臺，都宣告著年輕人的存在。這座城市的常住人口不過九萬，其中三分之一以上都是大學生。

最初的魯汶大學，教職人員主要來自巴黎大學（Université de Paris）、科隆大學（Universität zu Köln）和維也納大學（Universität Wien）。隨著聲望日隆，許多學者前來任教。尤其是十六世紀，哲學家和神學家伊拉斯謨（Erasmus von Rotterdam）在此執教，他於一五一七年創建三語言學院，研究希伯來文、拉丁文與希臘文。

魯汶大學走出過無數傳奇人物。比如羅馬天主教教宗哈德良六世（Pope Adrian VI），他是魯汶大學教皇學院的創辦人，也是神聖羅馬帝國皇帝查理五世（Karl V）的老師。天主教改革運動家楊・史丹東克（Jan Standonck）也出自這裡，他創辦了魯汶大學的史丹東克學院。現代解剖學之父安德雷亞斯・維薩里（Andreas Vesalius），諾貝爾醫學獎得主克里斯汀・德・迪夫（Christian de Duve）和阿爾伯特・克勞德（Albert Claude），楊森製藥（*Janssen Pharmaceutica*）創始人保羅・楊森（Paul Adriaan Jan, Baron Janssen）等也都出自該校。

值得一提的是魯汶大學中的中國元素。清朝康熙皇帝的科學啟蒙老師、曾經以外國人身分擔任工部侍郎的南懷仁（Ferdinand Verbiest），就曾就讀於魯汶大學。可惜的是，他雖然向中國傳播了近代西方科學，但僅憑其一己之力終究無法挽回清朝的因循守舊，那一線曙光竟然在很長一段時間裡成為絕響。直至晚清，一位中國年輕人遠渡重洋，來到魯汶大學就讀，再次將魯汶大學與中國聯繫在了一起。他就是有「中國地質學之父」和「近代石油工業之父」之稱的翁文灝。

不過，如今魯汶市的魯汶大學，僅僅是昔日魯汶大學的一部分。比利時國內族

▲ 魯汶市政廳，是比利時魯汶的地標建築，雖歷經兩次世界大戰，仍得以倖存。

群問題突出，北方講法蘭德斯語（現稱荷蘭語）的法蘭德人與南部講法語的瓦隆人（Wallons）一向有矛盾。因後者人口更多，所以比利時學校多用法語教學。早在十九世紀，比利時就曾因授課語言問題而引發矛盾，直至一九三〇年代，魯汶大學等高校還都在實施雙語制教學。

但到了一九六〇年代，族群矛盾激化，也蔓延至大學。一九六三年，法蘭德學生示威，法語師生隨即罷課。一九六六年，法蘭德人學生罷課。一九六八年，矛盾更加激化，在是否保持魯汶大學完整統一的問題上，政府也產生了分歧，多位法蘭德高官因此辭職。最終，政府於一九七〇年決定將魯汶大學一分為二，法蘭德斯語科系留在魯汶，法語科系則全部遷往法語區，成為今天的法語區魯汶大學。很多人也因此將之稱為新魯汶大學（Université catholique de Louvain），但實際上這個名字是誤讀。

回到開頭，我跟兒子所說的「一座包含兩座城市的大學，你看過嗎？」就源於這次分裂。如果說魯汶是一座古老的大學城，那麼因法語區魯汶大學而生的新魯汶，就是一座完全屬於大學的城市。

換言之，相較於古老的魯汶，新魯汶是一座無比年輕的城市。它完全被大學所帶動，依託於這所大學的活力。

這次分家並未讓魯汶大學淪落，無論是老校還是新校，都承繼著魯汶大學的自由與學術傳統。要知道，這所大學曾見證比利時這片土地的滄桑。幾百年來，西班牙、奧地利、法國和荷蘭都曾統治過這裡。西班牙統治時期，魯汶大學還曾因宗教戰爭而遭到嚴重破壞。奧地利統治時期，魯汶大學不得不接受奧地利僵化的教育模式。法國統治時期，魯汶大學一度被下令關閉，直至一八三五年才告恢復。

在兩次世界大戰中，比利時兩次被德國占領，被視為瑰寶的魯汶大學圖書館也兩次被焚為灰燼。可是這一切，都未能讓魯汶大學沉淪。那麼，你完全可以將法語區魯汶大學視為繼承了魯汶大學悠久傳統的一個分校，就像英國的劍橋大學之於牛津大學。

就像歐洲其他大學城一樣，魯汶大學的不同院系和機構也分布在魯汶市內沒有圈起來的校園。其中最值得探訪的，當然是圖書館。一六三六年，魯汶大學草創圖書館，並漸漸擴大。一七九七年，當法國統治者下令關閉魯汶大學後，館藏被轉移。其最有價值的部分被轉往巴黎，法國大革命後又流落至各國的圖書館。

魯汶大學於一八一七年重建後，重新再設圖書館。可惜在第一次世界大戰時，德軍將之燒毀。第一次世界大戰結束後，魯汶大學又興建了一棟新文藝復興風格的建築，定為新圖書館。然而在一九四〇年，圖書館又被第二次世界大戰炮火摧毀，九十萬冊書籍幾乎全部被毀。第二次世界大戰後，圖書館按原狀重建，如今依然可見當年的精美壁畫和旋轉樓梯，修復工作一直持續到二〇〇三年。

一所近六百年歷史的大學，難免歷經滄桑，可屹立不倒自有其根源。以大學撐起兩座城市，本身就是底蘊的證明。

吃著味道濃郁的淡菜，難免要像旁邊的魯汶年輕人那樣點上一杯當地啤酒。比利時啤酒名聲在外，魯汶更是比利時啤酒之都，全球規模最大的啤酒釀造廠安海斯布希英博的總部就在這裡。

飯後在魯汶漫步，大廣場旁的一條街道上，有人將車子停在路邊，將後車箱打開，或是直接在地上設攤，擺起了跳蚤市場，有舊書和玩具，還有各式小工藝品。另一條街上則有當地市集，水果居多，我們忍不住買了又買。是的，這座屬於大學的小城，既有厚重的歷史，又有年輕的活力。

國家圖書館出版品預行編目（CIP）資料

最小但最強，荷比盧的細節：這裡的人哪裡不一樣？讓歐盟、北約、國際法庭必須在這；鑽石、鋼鐵、瓷器和巧克力……最美最精的也得在這。／葉克飛著 -- 初版 . -- 臺北市：大是文化有限公司，2022.07
336 面；17 x 23 公分 . --（Style；63）
ISBN 978-626-7123-56-0（平裝）

1. CST：歷史　2. CST：荷蘭　3. CST：比利時
4. CST：盧森堡

740.1　　111007748

Style 063

最小但最強，荷比盧的細節

這裡的人哪裡不一樣？讓歐盟、北約、國際法庭必須在這；鑽石、鋼鐵、瓷器和巧克力……最美最精的也得在這。

作　　者／葉克飛
責任編輯／蕭麗娟
校對編輯／黃凱琪
美術編輯／林彥君
副總編輯／顏惠君
總 編 輯／吳依瑋
發 行 人／徐仲秋
會計助理／李秀娟
會　　計／許鳳雪
版權經理／郝麗珍
行銷企劃／徐千晴
業務助理／李秀蕙
業務專員／馬絮盈、留婉茹
業務經理／林裕安
總 經 理／陳絜吾

出 版 者／大是文化有限公司
臺北市 100 衡陽路 7 號 8 樓
編輯部電話：（02）23757911
購書相關諮詢請洽：（02）23757911 分機 122
24 小時讀者服務傳真：（02）23756999
讀者服務 E-mail：haom@ms28.hinet.net
郵政劃撥帳號：19983366　戶名：大是文化有限公司
法律顧問／永然聯合法律事務所
香港發行／豐達出版發行有限公司 Rich Publishing & Distribution Ltd
地址：香港柴灣永泰道 70 號柴灣工業城第 2 期 1805 室
Unit 1805, Ph. 2, Chai Wan Ind City, 70 Wing Tai Rd,Chai Wan, Hong Kong
電話：2172-6513　傳真：2172-4355
E-mail：cary@subseasy.com.hk

封面設計／林雯瑛
內頁排版／Judy
印　　刷／鴻霖印刷傳媒股份有限公司
2022 年 7 月 初版
定　　價／新臺幣 399 元（缺頁或裝訂錯誤的書，請寄回更換）
I S B N　978-626-7123-56-0
電子書 ISBN／9786267123591（PDF）
9786267123607（EPUB）